진화론적 관점에 의한
대덕R&D특구의 분석

진화론적 관점에 의한
대덕R&D특구의 분석

AN ANALYSIS OF DAEDEOK INNOPOLIS
ON AN EVOLUTIONARY PERSPECTIVE

분석

崔松虎 著

KSI 한국학술정보(주)

|서 문|

　대덕R&D특구는 국공립연구소 및 민간연구소 70개와 700개로 추산되는 벤처기업의 55%가 위치한 대덕연구단지를 중심으로, 대덕연구단지에 인접한 내전시에 소재한 대학이나 벤처집적시설이 포함된다. 여기에 충남과 충북의 남부지역과 전북의 북부지역이 영향권으로 볼 수 있다. 대덕특구는 대전지역에 존재하는 벤처기업의 생태계로 종종 정의된다. 이러한 정의에는 간혹 대덕연구단지에 있는 연구소와 대학도 포함되는 개념이 되고 있다.

　대덕특구가 전국적인 벤처집적지이고, 세계적인 곳으로 성장하기 위해서는 기본적인 동향이 분석되어야 하고, 벤처기업들의 생산시설을 위한 공간수요를 충족시키기 위해 대덕연구단지를 건설할 때의 자세로 벤처기업 전문 단지인 대덕밸리를 발전시킬 필요가 있다. 이러할 경우 인근 오송단지와 오창단지를 함께 고려하는 전략도 가능할 것이다.

　미국의 실리콘 밸리는 첨단기술 수요에 의해 형성된 곳이다. 기업이 군수분야 등 수요처를 찾은 것이 아니라 군

수부분이 벤처기업을 먼저 찾았던 것이다. 앞으로는 국가 및 공공부문에서 벤처기업의 진입에 대한 획기적인 고려가 필요하고, 기업을 찾는 정책이 필요하다. 이는 비단 대덕특구 내 기업만을 위한 것이 아니라 기술혁신형 중소기업을 살리는 문제이기도 하다.

또한, 대덕특구는 커뮤니티활동에 대한 지원이 필요하다. 대덕특구 벤처연합회, 벤처카페 등을 지원해 지역 커뮤니티활동이 한걸음 더 발전할 수 있을 것이다. 이를 위해서는 대전시, 중소기업청, 연구소, 인근 대학, 벤처기업협회, 지방상공회의소 등이 함께 참여하는 협의체가 필요하며 이 기구는 민간부문을 운영을 주도하면 더욱 바람직할 것이다.

본 연구를 계기로 대덕특구가 미래상을 정립하고 세계적인 혁신집적지로 성장 발전하기를 기대한다.

끝으로 본서의 집필과정에 많은 도움을 주신 한남대학교 설성수교수님과 과학기술연합대학원대학교 이병민교수님을 비롯한 주위 여러분들에게 깊은 감사를 드리며 아울러 출판에 많은 도움을 주신 한국학술정보(주) 송지연선생님께도 진심으로 감사드립니다.

2008년 4월

최 송 호

|차 례|

제1장
서 론

제1절 문제의 제기

세계 각국에서 기술지식의 생산 및 활용과 관련된 집적 지역의 형태가 대단히 다양하게 이루어지고 있다. 미국의 실리콘밸리나 영국의 케임브리지 과학공원, 중국의 중관촌과 같이 시장지향형 혁신이 주로 발생하는 곳이 있는가 하면 프랑스의 소피아 앙티폴리스나 한국의 대덕연구단지 등은 기술중심의 혁신이 이루어지고 있다 할 것이다. 그러나 최근 대덕연구단지와 인근지역에서는 기술형 혁신을 시장중심형 혁신으로 전환하기 위한 노력이 집중되고 있다. 그것도 1990년대 후반 이후 현재까지 약 10여 년에 걸쳐 변화가 집중되고 있는 것이다.

대덕연구단지는 한국이 부족한 과학기술력을 보강하기 위해 일본의 연구학원도시 츠쿠바를 모빙하여 건설된 곳이다. 다시 말해 교육연구시설의 집적지였는데, 최근에 들어와 산업기능을 추가하기 위한 많은 노력이 투입되고 있는 것이다. 대덕연구단지의 변화는 연구 및 교육시설이 집적되어 있지만 시장지향형 기술혁신이 무엇이고 이를 어떻게 산업으로 연계시키는지를 모르는 중국에 있어서 대단히 훌륭한 학습지역이다. 선진국과 달리 중국과 그렇게 큰 기술차이가 나지 않고 비슷한 문화권에 비슷한 교육언

구조건이라 더더욱 중요한 의미를 가진 지역인 것이다.

중국 내에서도 중관촌과 같이 수천 개의 벤처기업들이 집적된 곳도 있다. 그러나 이 지역은 교육연구시설에서 배태된 벤처기업 집적지라기보다 교육연구시설과 벤처기업 집적이 동시에 이루어진 지역이라는 특징이 있다. 중관촌은 북경대학이나 청화대학, 중국인민대학 등과 같이 중국 내 서열 10위 이내의 대학이 밀집한 곳에 인접해 있어서 이들의 기술이 사업화되는 경향이 없는 것은 아니지만, 중국의 수도에 위치하고 있어서 다른 요인으로도 기업들이 집적될 수 있는 조건이 어느 정도 형성되어 있었기 때문이다.

어떻든 본 연구는 교육연구시설의 집적지인 대덕연구단지가 어떻게 부족한 기능을 보완하고 어디로 향하고 있는지를 분석하고자 한다. 물론 이에 대한 분석은 궁극적으로는 비슷한 조건에 있는 중국 여러 지역에의 적용을 전제로 하고 있지만, 대덕연구단지 자체의 진화패턴을 살펴보고자 한 것이다.

이에 따라 본 연구는 대덕연구단지에 관한 기존의 연구들을 검토한 다음 선행연구에서 진행되지 않았던 진화론적인 관점에서 '대덕'의 30여 년 성장과정을 분석하려 한다.

제2절 연구의 범위 및 방법

1. 연구의 범위

본 연구의 범위는 시간적으로는 대덕연구단지가 창설되기 시작한 1973년부터 2005년 말 현재까지의 30여 년간의 신화과정이다. 공간적으로는 대덕연구단지와 대덕연구단지가 속해 있는 물리적인 공간범주인 대덕밸리 및 대덕밸리가 속한 대전시로 국한한다.

개념적으로는 산업단지에서 과학공원을 거쳐 최근의 벤처밸리에 이르기까지의 모든 개념을 분석하기보다 대덕연구단지의 발전과정에 나타난 현상만을 검토하기로 한다.

한편 내용적인 차원에서는 과학기술에서 혁신을 포함시키고, 기업과 산업 및 시장을 포함시킨다. 대덕연구단지 자체가 과학기술혁신에서 기업 및 산업과 시장을 포함하는 형태로 발전해왔기 때문이다.

2. 연구의 방법

본 연구는 대덕R&D특구의 변화과정을 신화론적인 입장에서 접근한다. 물론 생물학적인 진화론이 변화된 기술과 경제의 진화론적 입장이다. 혹자는 이러한 입장을 신슘페터주의자의 입장이라 부르기도 하나, 본 연구는 신슘페터주의 자체에 대한 논의를 전개하지 않는다. 다만 그들의 주장내용만을 뒤에서 언급한다.

한편 본 연구는 진화론적인 접근의 세부 내용을 정책요인, 기술요인, 기업요인 및 시장요인으로 구분하여 검토한다. 진화론의 제도적인 문제는 정책요인에 포함시키며 기술의 산업화 과정에 반드시 등장하는 기술이전 문제는 기술요인에 포함시킨다.

본 연구가 진화론적인 입장을 견지하기 위해서는 진화론이 가진 기본적인 두 개념을 설명해야 한다. 하나는 적자생존이며, 다른 하나는 돌연변이를 통한 새로운 종의 출현이다. 본 연구는 적자생존은 결국 기술혁신을 통한 시장성공이라는 입장이며, 변이는 진화과정에 나타난 특이요인이라는 입장을 견지한다. 진화과정의 특이요인이란 주어진 조건에서 그러한 상황이 혹은 사건이 발생하기 어려웠는데 특별한 자극에 의해 그러한 사건이 존재하게 되었다는 것이다.

위와 같은 시각 및 방법론에 입각하여 본 연구는 구체적으로 문헌연구와 인터뷰 방식을 택하였다. 문헌연구에는 대덕연구단지와 관련된 기존연구와 정부의 연구보고서 및 공식문건 나아가 일간지나 주간지 등 매체에 나타난 기사가 이용되었다. 인터뷰는 대덕과 관련된 연구를 많이 한 연구자와 현재 대덕에 거주하며 대덕의 진화를 이루고 있는 전문가들이다. 필자가 대전에서 학습하고 연구하고 있는 관계로 주위 전문가 모두가 대덕 관련 전문가라 할 것이다.

제3절 연구의 구성

본 연구는 다음과 같은 내용으로 구성된다. 제2장에서는 기존연구를 검토하고 본 연구의 방법론을 새롭게 설정한다. 구체적으로는 1절에서 대덕연구단지, 대덕밸리, 대덕 R&D특구에 관한 기존연구들을 분석대상 및 분석방법론 차원에서 분석한다. 그리고 2절에서는 분석방법 도출을 위해 진화론에 관한 이론검토를 실시한다. 3절에서는 이를 기술혁신론에 접목시키기 위해 산업부분에서의 기술습득에 관한 김인수(2000)의 모형, 새로운 기술신입을 분식하기 위한 오길환·설성수(2001), 오길환(2002)의 모형을 검토하며, 본 연구의 분석 방법을 설정한다.

제3장에서는 1단계 진화인 벤처기업의 배태를 분석하며, 제4장에서는 2단계 진화인 대덕밸리의 형성을 분석한

18

다. 이어 제5장에서는 3단계 진화, 즉 대덕R&D특구의 성공을 위한 중앙 및 지방정부의 육성정책 및 발전전략을 분석한다. 마지막으로 제6장에서는 본 연구를 요약하고, 방법론 문제를 다시 검토한 다음, 본 연구의 한계와 추가 연구과제를 서술한다.

〈그림 1-1〉 연구의 구성

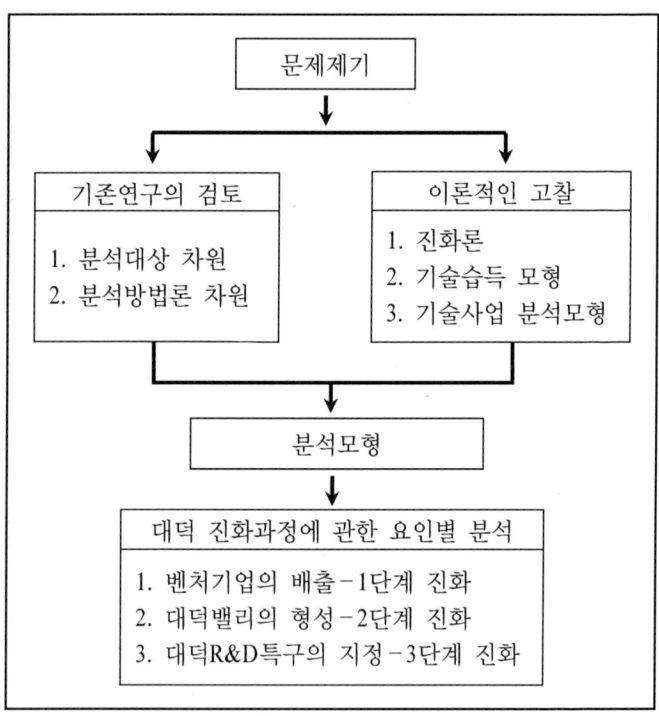

제 2 장
이론 검토

제1절 기술집적단지 개념의 변화

기술집적지역은 연구단지, 과학단지, 과학공원, 연구공원, 테크노파크, 테크노폴, 창업단지, 혁신센터, 테크노폴리스, 첨단산업단지, 첨단과학기술단지 등 대단히 다양한 형태로 불리고 있다. 이들은 개념적으로 다른 용어들이기는 하지만 기술집적지역의 이상형을 찾아가는 발전이라는 과정에서 이해하는 것이 훨씬 편리하다.

1950년대에는 대규모 공업단지가 등장하며 집적의 이점을 찾고자 하였다. 1960년대에는 미국의 실리콘밸리가 유명해지기 시작하며 연구기능과 생산기능이 결집된 지역에 대한 관심이 높아졌다(Saxenian, 1994). 그런데 프랑스는 연구기능만을 중시하는 소피아 앙티폴리스를 건설하고 일본은 그를 모방해 츠쿠바 연구학원도시를 건설한다. 이어 한국은 일본의 츠쿠바 연구학원도시를 모방해 대덕연구단지를 건설한다.

1970년대 초에는 영국에서 소규모의 연구생산집적지를 건설한다. 에딘버그 인근지역과 캠브리지 인근지역에 건설된 이러한 지역은 연구결과를 산업으로 연결하고자 한 것으로 과학공원이라 부른다. 연구단지보다는 작은 규모의 연구생산 집적지가 탄생한 것이다.

 1980년대에는 보다 발전된 형태로 연구기능과 별도의 공간이 아니라 연구기능과 산업기능이 동일지역에서 결합된 혁신센터가 독일에서 등장한다. 한편 1990년대 중반에 이르면 클러스터 개념이 확산되며 특정 목적을 위한 연구 혁신 및 생산기능이 결합하는 형태가 나타난다. 클러스터는 특정 목적을 수행하기 위한 일련의 과정들이 결집하는 것을 말하는 것이다(Porter, 1990; Rosenfeld, 1995). 일례로 캘리포니아의 포도주 산업은 인근의 포도밭과 양조장, 병 제조자 및 관련 기업들의 집적으로 인해 경쟁력을 갖고 있다는 것이다. 클러스터는 혁신만을 위한 혁신클러스터, 산업기능까지 포함된 산업클러스터 등이 존재한다.

 클러스터 이론이 확산되며 대덕R&D특구도 혁신클러스터 구축을 목적을 하고 있으며 최근 이 지역의 주요 정책으로 되고 있다. 그러나 실리콘밸리의 경쟁력은 연구와 산업기능의 결합에서 나타나는 바와 같이 산업기능이 완전하지 못한 혁신클러스터가 어떠한 성과를 보일지는 미지수이다. 실리콘밸리를 모방했지만 1960년대에 연구단지가 만들어진 바와 같은 또 한 번의 변형된 기능이 혁신클러스터일 수 있다.

〈표 2-1〉 과학기술단지의 발전

	하부 구조	생산 시설	단지	연구기관 /대학	협력 센터	창업 센터
공업단지 (미 1950-)	◎	◎	◎			
연구단지 I (미 1970-)	○	◎	◎	◎		
과학공원 I (영 1970-)	△	○	◎	◎	○	
연구단지/과학공원 II (미영 1980-)		△	◎	◎	◎	◎
혁신센터 (독 1984-)				○	○	◎

◎: 필수요소 ○: 권장요소 △: 부수요소
주: 사용되는 용어는 원저자의 것.
자료: Oyama et. all(1995), 설성수·민완기·신동호(1999)에서 재인용

　과학기술 집적지를 보는 이러한 시각의 변화는 대덕연구단지나 대덕밸리 나아가 대덕R&D클러스터를 이해하는데에 있어서 대단히 중요하다. 특정 시점에서의 어떠한 개념은 전 세계 모두에서 가장 바람직하고 상황에 가장 적합한 정답이었다고 생각하였다는 것이기 때문이다. 그리고 이러한 개념변화는 바로 '대덕'의 진화를 결정하는 외부적인 충격이기도 하였다.

제2절 '대덕'에 관한 기존의 연구

1. 분석대상 차원

2005년 말 현재 대덕R&D특구와 관련된 기존 연구는 대덕연구단지, 벤처기업과 대덕밸리, 대덕연구단지가 속한 대전시 분석, R&D특구라는 네 유형으로 구분된다. 각 유형에 속한 연구들은 많지만, 해당 분야를 총괄하는 종합보고서나 소개서는 많지 않다. 각 유형에 관한 종합적인 저서는 2005년 12월 말까지 연구단지분석 2권과 박사학위논문 1권, 벤처기업과 대덕밸리 3권, 대전시와 관련된 종합 보고서 3권에 불과하였다. 최근 대덕R&D특구법 지정이 이슈로 되면서 대전시와 관련된 종합보고서 2권과 특구육성 종합계획 1권이 추가되었다.

〈표 2 - 2〉 분석대상에 따른 기존연구

대상공간	연구명
연구단지	설성수 외(1999), 윤창국(2003), 임덕순 외(2003)
대덕밸리	대전광역시(2001), 설성수 외(2002), 한국은행/대전충남본부(2002)
대전시	송성수 외(2000), 대전전략산업기획단(2003), 대전광역시(2003)
R&D특구	김선근 외(2004), 대전발전연구원(황혜란 외, 2005), 과학기술부(2005)

2. 분석방법론 차원

설성수·박정민·서상혁(2002)은 대덕연구단지나 대덕밸리 혹은 대전시와 관련된 연구들을 종합하며 사용된 방법론들을 다음과 같이 설명한다. "기존 연구들은 다시 두 차원으로 나누어 검토된다. 학문적인 배경으로는 지리학, 사회학, 행정학, 경영학 및 경제학, 지역개발학 분야에서 다루어지고 있다. 사용한 분석방법론은 네트워크론, 테크노폴이론, 지역혁신시스템론, 벤처생태계론과 클러스터론 등이 있다." 사용된 방법론이 대단히 다양함으로 설성수·박정민·서상혁(2002)은 다시 이러한 방법론을 일목요연하게 정의한다. 특정공간을 전제로 기술혁신과 벤처기업, 산업활동 혹은 산업활동의 집적을 검토하는 이론들은 집적현상 자체를 중시하느냐, 아니면 그 안에서 이루어지는 혁신활동을 중시하느냐 또는 경쟁 자체를 중시하느냐에 따라 집적이론, 기술혁신론, 벤처창업론 및 경쟁력이론으로 구분할 수 있다고 했다. 한편 기술혁신론은 다시 혁신시스템을 중시하느냐 아니면 혁신활동과 혁신활동의 결과를 위한 산업활농의 연계를 전제로 하느냐에 따라 세부적으로 구분가능하다고 했다. 이 이론들은 <표 2-3>와 같이 정리할 수 있다.

〈표 2-3〉 특정공간의 경쟁력 이론

구 분	주안점	개별이론
벤처창업론	창업시스템	벤처생태계
기술혁신론	혁신시스템	지역혁신시스템, 기술시스템
	혁신과 산업연계	테크노폴/과학공원, 콤플렉스, 네트워크
집적이론	생산시스템	클러스터, 신산업지구, (체인)
산업경쟁력 이론	경쟁시스템	경쟁력
진화론	변화와 대응	기술진화론

자료: 설성수·박정민·서상혁(2002)을 수정.

3. 주요연구의 내용

상술한 연구 중 설성수·민완기·신동호(1999)의 연구는 대덕연구단지를 종합적으로 분석한 최초 보고서이다. 이 연구는 네트워크이론을 변형시켜 새롭게 도입한 시공간의 네트워크이론에 입각하여 대덕연구단지의 발전방안을 기능-공간-시간의 3차원으로 검토하였다. 기능적인 측면은 연구활동, 산업화 촉진, 공간관리라는 세 요인으로 설명하였고, 공간 범주에서는 지역-광역-국가-세계를 설명하였다. 한편 시간적인 측면을 단기, 중기 및 장기로 3

분하여 보았다.

설성수·박정민·서상혁(2002)의 특정지역 분석은 특정 이론의 시험장이 아니라는 입장에서 <표 2-3>과 같이 여러 가지 이론의 강약점을 제시한다. 이어 기존의 어떠한 시각에 맞추지 않고 지역혁신시스템론과 벤처생태계론 등 여러 시각을 동시에 적용하여 대덕밸리의 형성과정을 검토하였다.

임덕순 외(2003)는 혁신클러스터 관점에서 대덕연구단지 30년의 발전과정을 분석하고 국제적인 비교를 시도하였다. 윤창국(2003)은 과학기술 혁신클러스터관점으로 대덕연구단지를 설립 초기인 1973년부터 2001년 8월까지를 3단계로 나누어 연구·분석하였다. 그는 1973년부터 1990년대 말까지는 연구중심형 과학기술혁신클러스터기로, 1991년부터 1996년 말까지는 파생중심형 과학기술혁신클러스터기로, 1996년 말부터 2001년 8월 후를 자성중심형 과학기술혁신클러스터기로 나누어 분석하였다.

대덕R&D특구와 관련되어서는 김선근 외(2004)가 과학기술부의 외뢰로 내덕R&D특구 형성과 관련된 전반적인 사전연구를 수행한다. 이 연구에서 대덕R&D특구의 기본석인 사항이 도출된다. 이에 입각하여 대덕연구개발특구 육성법이 2005년 초에 제정되고, 황혜란 외(2005)는 이들

계획에 입각한 대전시 기술혁신전략을 발표한다. 이러한 준비가 결국 과학기술부와 대전시가 공동으로 작성한 대덕R&D특구 육성계획(2005)으로 연결된다.

그런데 현재까지 진화론적 관점에서 대덕연구단지를 체계적이고 종합적으로 심층 분석한 연구는 본 연구의 저자인 崔松虎·薛晟洙(2005) 외에는 없다. 따라서 본 연구는 상기 崔松虎·薛晟洙(2005)의 모형을 보다 체계화해 진화론이란 새로운 관점에서 대덕연구단지를 분석해보고자 한다.

한편 설성수·박정민·서상혁(2002)은 '대덕'에 대한 명확한 범주 설정과 '대덕'시스템의 구성에 대한 정립 없이 '대덕'을 보는 시각을 먼저 설정한다는 것은 그렇게 합당하지 않다고 지적했다. 본 연구도 이 관점과 일치한다. 따라서 본 연구는 분석대상인 '대덕'을 일단 대덕연구단지와 대덕R&D특구로 국한시키고 경우에 따라 대전시로 확대하고자 한다.

제3절 진화론에 관한 이론적 고찰

1. 생물진화의 일반이론

진화론의 시초인 생물진화론은 18세기 프랑스의 J. A. Lamark (1744 ~ 1829)에 의해 주장되었다. 그는 유기체는 무기물로부터 진화되며, 보다 높은 형태의 생명은 진화의 최고 형태인 인간을 포함해서, 저급한 형태의 유기체로부터 진화한다는 것이다. 즉 진화의 원인은 환경적 요인이다.

19세기 생물학자 Charles R. Darwin은 「종의 기원(1859)」에서 자연도태론을 주장했다. 그는 "어떤 유기체가 성공적으로 환경변화에 적응하게 되면, 그들의 우수한 특성을 다음 세대로 전해줄 수 있게 되는데 이러한 특성들은 유기체가 기후, 먹이 공급과 환경 그리고 그 환경을 다루기에 알맞은 기관을 발전시키는 데 성공적으로 적응함으로써 생겨난다."라고 설명했다.

이후 와이즈만(1834-1914)은 라마르크의 진화론을 완전히 거부하고 유전을 정보흐름으로 인식하여 유기체가 진화하는 과정에 현대의 유전자형과 표현형이 독립적으로 출현한다고 주장하였다.

획득한 형질은 표현형에 영향을 미치지만 바로 사멸해

버리는 데 비해, 유전자형은 생식염색체를 통해 새로운 세대로 이전되어 거의 영원불멸하게 승계된다. 정보는 유전자형 세포로부터 표현형 세포로 흘러가는데, 그 반대방향으로의 흐름은 일어나지 않는다. 이런 측면에서 와이즈만의 진화론은 다윈의 진화론, 즉 자연선택이 진화상에 변화를 일으키는 원천이라는 이론을 강화시키게 되었다. 그런데 자연선택은 군집에서 일어난 변이에 대해서만 작용하므로 변이를 일으키는 원천과 이를 유지시키는 메커니즘은 여전히 풀리지 않는 수수께끼였다. 그러다가 20세기 초엽에 멘델의 법칙을 재해석한 유전염색체이론이 탄생하면서 그 수수께끼가 풀리게 되었다.

멘델의 법칙이 발견되자 돌연변이의 중요성을 두고 논란이 벌어졌다. 멘델주의자들은 변이의 원천이 돌연변이에 있다고 보고 돌연변이가 새로운 종을 형성시켜 시작하는 원천이 된다고 주장하였다. 그러나 생물통계학자들은 돌연변이가 진화와 관련이 없고 선택과정에서 급격히 사라진다고 주장하였다. 이들은 자연선택의 힘이 작동하는 때에 끊임없이 일어나는 변이가 진화의 핵심이라고 주장하였다. 멘델주의자들은 돌연변이가 불연속적인 현상이므로 진화란 연속적일 수 없고 변화하고 나서는 정지되는 균형상태라고 믿는다. 그런 의미에서 이들은 반다윈주의

자이다.

이러한 멘델주의와 생물통계학자들 사이의 논쟁은 생물유전학자들에 의해 해결되었다. 1930~1950년대에 발전한 군집유전학의 핵심은 ① 변이의 근본적인 원천은 돌연변이이고, ② 자연선택은 변이에 영향을 미쳐 진화상에 변화를 창출하고, ③ 변화의 방향과 비율은 자연선택 하나에 의해서만 지배되고, ④ 선택과정을 통해 적응이 이루어진다는 데 있다. 이들은 멘델의 군집에서 일어나는 신다윈주의적 자연선택의 메커니즘이 자연에서 관찰되는 지역적 변이뿐만 아니라 종들의 기원과 형성을 설명할 수 있다고 주장한다.

2. 신제도주의 자연선택

생물의 진화이론을 가지고 경제제도의 진화이론을 설명하려 한 역사는 베블렌(Veblen, 1898)에서 비롯되었는데 그의 이론핵심이 바로 자연선택이다. 그런데 베블렌은 자연선택의 메커니즘을 구체적으로 언급하지는 않았다. 베블렌은 사회집단의 구성원들 사이에 지배적으로 형성된 습관을 제도라고 불렀다. 또한 이 제도가 은연중에 자리 잡은 구성원들의 정신적 성향과 부합하지 않으면 오래 지속되지 못한다고 지적하였다. 경제진화가 생물진화와는 달리 의식적으로 선택하여 이루어진다고 믿었기 때문에 베블렌의 다른 제자들은 생물진화론을 경제분석에 그대로 받아들이지 않았다.

그러나 거래비용으로 제도를 설명한 신제도주의 경제학에서는 진화론에 새로운 의미를 부여하였다. 이들은 생물진화와 경제진화를 같은 것으로 보지는 않았으나 그들의 주장에는 상호유사성이 있다. 경제체계와 사회체계는 종들이 진화하는 것처럼 진화한다. 제도나 관습은 경제 주체들이 자신들의 문제를 풀기 위해 탄생한다. 적절한 사회제도를 창출하는 사회는 생존하고 번성하는 반면, 그렇지 못한 사회는 절름발이가 되거나 소멸한다.

한편, 새로운 제도가 전통파에서 말하는 것처럼 극대화하는 원리에서 생겨난다고 주장하기에는 무리가 있으나 신제도주의 경제학에서는 이기적인 이득을 추구하려는 행위가 경제진화의 과정을 추진시키는 원동력이라고 본다. 다시 말해 이기적인 행동이 '보이지 않는 손'을 설명하는 것이다.

그러나 경제진화를 생물학의 자연선택으로 설명하는 주장에 대해 반론이 없는 것이 아니다. 경제적인 진화에는 인위적인 선택이 크게 작용하기 때문이다. 인위적인 선택은 기업 내에서 이루어질 수도 있고 시장에서 이루어질 수도 있다. '보이지 않는 손' 못지않게 인위적인 선택 역시 제도 변화를 촉진시키는 것이다.

3. 기술적 진화 - 진화의 경제학

Nelson & Winter(1982)는 신고전학파 경제학의 극대화가정과 균형이론에 대한 비판으로 진화의 경제학을 제안한다. 신고전학파 경제학의 기본가정이 기술혁신과 기업 간 경쟁의 동태적인 과정에는 적합하지 않다는 것이다. 다시 말해 기업과 산업의 동태적인 발전과정의 분석에는 신고전학파 경제학이 적합하지 않다는 것이다.

이들은 기술혁신이나 기업활동을 분석하기 위해 자연선택의 개념을 생물학에서 사용한다. 기업은 이윤에 의해 움직이고 이윤을 찾기 위해 여러 방법을 찾지만 이윤극대화만을 고려하는 것은 아니라는 것이다. 환경변화에 대해 자연적으로 선택될 수 있는 노력이 더 중요하다는 것이다. 기술변화와 성장의 조건에서는 균형이론이 아니라 자연선택과 자연적으로 선택되도록 하는 노력이 중요하다는 것이다.

그들에 의한 성장과 기술변화의 진화론은 경제학자를

대상으로 경제이론을 설명한 것이었지만 이 이론은 심리학이나 다른 사회과학에서의 주장들과 일치되며 경제학에 국한되지 않고 있다. Nelson & Winter(1982)의 진화론이 등장한 후 기술혁신 분야의 많은 학자들은 진화가 이루어지는 구체적인 모습을 여러 형태로 설명하였다.

Dosi(1982)는 기술패러다임(technological paradigms)과 기술탄도의 개념을 이용하여 기술이 진화되는 내용을 설명한다. 기술패러다임이란 토마스 쿤의 과학패러다임에 비견되는 용어로 과학에 패러다임이 존재하듯이 기술에도 패러다임이 존재한다는 것이다. 다시 말해 어느 한 패러다임이 한 시대의 주력 패러다임이 되어 다른 패러다임의 존재를 잘 허용하지 않는다는 것이다.[1] 그리고 하나의 패러다임이 결정되면 패러다임 내에서는 기술이 진화되어가는 패턴 혹은 경로가 존재한다는 것이다. 이러한 현상은 포에서 발사된 포탄이 궤적을 그리며 날아가는 것과 같다는 의미에서 기술탄도라 부른다.

한편 Freeman & Perez(1988)은 수십 년에 걸친 자본주의

---

1) 일례로 자동화기술을 보자면, 자동화 방법은 수압, 공압, 기계, 전기 전자 방식 등이 있지만 최근에는 전자적인 방식이 주로 이용된다. 다른 방식이 전자적인 방식보다 더 우수할 수 있는 경우도 있으나 워낙 전자적인 방식이 유행하므로 관련 기기, 장치, 도구들이 전자적인 방식만 존재하고 다른 방식은 찾기가 어려워지기 때문에 이러한 현상이 발생한다.

의 장기파동과 관련한 논쟁의 연장선에서, 경제에는 기술과 경제가 어우러진 기술경제패러다임이 존재하며 이 패러다임이 전환하므로 자본주의의 장기파동이 존재한다는 점을 주장한다. 새로운 기술로부터 파생되는 경제적인 이익이 클 때 새로운 투자가 활발해지며 이러한 기술체계로부터 경제적 이익창출이 어려워지면 투자가 줄게 된다. 그로 인해 경제에는 장기에 길친 따농이 존재한다는 것이다.

장기파동의 원인은 전쟁, 계급투쟁 등과 같은 비경제적인 요인도 지적되었으나 슘페터적인 관점에서는 기술혁신의 파동이 장기파동의 원인이라는 것이었다. 그런데 Freeman & Perez는 기술혁신이 경제 내에서 구체적으로 작용하는 구조를 밝힌 것이다. 불황의 초기에 신기술의 군집이 이루어지고, 이러한 군집된 기술에 대한 투자로 인해 경제가 활황으로 이어지며, 군집되었던 기술에 대한 투자기회기 약해지기 시작하면 경제는 불황으로 연결되고 새로운 투자대상 기술이 등장한다는 것이다. 어떻든 경제의 진화는 기술과 경제가 어우러진 패러다임에 의해 결정된다는 것이다.

경제획식인 신화론에 관한 가장 기본적이 입장은 Dosi & Nelson(1994)에서 나타난다. 이 두 사람은 진화론적인 경제학을 주장하고 이후에도 선도하는 대표적인 학자들이다. 이들은 진화의 경제학을 진화론적인 생물학과 대비하며 진화론에서 가장 논제가 되어 왔던 네 가지 주제를 설명하며 이론체계를 갖춘다. 선택의 단위(유전자), 선택메커니즘, 상호작용 과정 및 변이생성 메커니즘이 그것이다.

선택단위는 기술, 정책, 행동패턴, 문화적인 특성 등이 지적될 수 있다. 그런데 중요한 점은 선택단위의 존재 유무에서 나타나는 것이 아니라 어떠한 원형과 그를 활용하는 주체 간의 관계에서 나타난다. 선택될 기본단위를 활용하는 주체의 문제가 개입된 선택단위가 중요하다는 것이다. 이러한 점에서 기술혁신이 좋은 예가 된다는 것이다. 다시 말해 경제나 사회가 경쟁적인 기술 중 하나를 직접 선택하는 것이 아니라 선택의 주체와 선택환경이 존재한다는 것이다.

선택메커니즘은 결국 적합성이라는 단어로 귀결된다. 선택환경에 적합한지 여부를 판단하는 선택기준이 필요하고, 그에 따라 적합성 여부가 판단된다. 그리고 이 과정이 부실하면 결국 도태로 연결된다. 물론 선택기준은 상황변화에 따라 달리 선정된다. 이후 제기되는 문제는 적합성 판단의 기준이 형성될 때 어떻게 노력하여 적합성을 획득하느냐이다. 즉 적응과 변이라는 개념의 설명이 필요한 것이다. 상황변화와 주체자들의 상호작용 과정은 적응이라는 용어로 설명된다. 상황변화에 따라 주어진 여건이 변하면 어떠한 행동단위이든 그에 대한 적응은 필수이다. 그리고 적응과정에서 변이가 등장한다. 어떤 주체는 상황 적합적인 규칙에 의해 활동하고, 경우에 따라 이벤트적인 행동을 따른다. 문제는 상황적합적인 활동이 신고전학파 의 주장처럼 모두가 합리적이지 않다는 점이다. 현실 속 에서 불확실성이나 불행이 나타날 확률은 얼마든지 존재 하고 최악의 경우에 대응하는 적용, 즉 변이라는 상황 역 시 설명되어야 하기 때문이다.

진화론은 상황에 적합하도록 하는 노력이 중요하기에 경제나 사회의 학습이론이라 불릴 수도 있다는 것이다. 결국 진화의 경제학은 자연선택과 선택되기 위한 학습과 혁신이 중요한 키워드라 할 것이다.

진화의 경제학에서 주장하는 바와 같이 현실에서도 진 화가 그대로 이루어지느냐에 대한 실증적인 분석이 지속 적으로 이루어지고 있다. 특히 기술 차원에서 기술의 변 화가 진화과정을 따르는지 여부에 대한 검증이 이루어졌 다. Basalla(1988)는 경제사나 문화인류학에서 도출된 기술 이 역사를 통해 기술의 진화론을 설명한다. 특히 다양성 과 필요성 및 기술의 진화라는 세 개념이 이들의 주된 주 제이다. 한편 Ziman(2000)은 생물학이 아닌 기술에 내재된 진화현상을 찾기 위해 물리학, 공학, 컴퓨터공학, 생물학,

경제학, 경영학, 인류학, 교육학자들이 참여한 다학제적인 접근을 시도하며 이를 입증시키기도 하였다.

제4절 새로운 분석모형의 설정

1. 기존연구의 장점 흡수

1) 기술습득을 위한 분석의 틀

김인수(2000)는 1960년대부터 시작한 한국의 경제발전과 기업들의 성공이 '기술'자원을 효과적으로 활용하였기에 가능하였다고 주장한다. 사실 기업의 기술습득 과정은 매우 역동적이고 복잡하여 간단히 분석하기 어렵다. 그렇지만 기술습득 과정은 모방에서 혁신에 이르는 동태적 과정을 따른다. 김인수(2000)는 기술환경, 제도적 환경, 기업의 학습과정, 기술이전 등 4가지 요인을 분석의 틀로 사용하여 모방에서 혁신까지의 진화과정을 설명한 바 있다.

(1) 기술환경

기술환경 요소는 선진국과 개발도상국 간에 상이한 기술궤도가 나타나고 있다는 것을 보여주기 위한 것이다. 여기서 기술궤도란 전 산업부문에 걸쳐서 볼 수 있는 기술의 진화적인 발전방향으로 정의한다.

개발도상국의 기업들은 기술궤도상이 동태적인 변화과정에 따라서 기술전략을 수립히고 실천해야 한다. 기술궤도상의 경화기에 이르면 개발도상국의 기업들은 해외의 성숙기 기술을 얻기가 비교적 쉬우며, 기술의 모방이 자유롭고 해외기술 제공업자들로부터 싼 가격으로 기술을 구매할 수도 있다. 그러나 개발도상국의 산업화가 빠르게 진행되면서 생산성보다 임금상승률이 높아짐에 따라 경공업에서의 경쟁력은 급속히 상실된다. 결과적으로 개발도상국의 기업들은 선진국과의 경쟁이 불가피해지게 되고 향상된 기술능력을 바탕으로 과도기 단계의 기술개발에 참여하게 된다.

(2) 제도적 환경

개발도상국의 기업 입장에서는 여러 원천에서 기술을 습득할 수 있으나, 주요 원천은 대개 다음 세 개의 그룹으로 나누어진다. 국제사회로부터의 기술습득, 국내에서의 기술습득, 기업수준에서의 자체개발 노력 등이다. 또한 기업의 기술습득과정에는 시장, 기술환경, 공공정책, 정규교육, 사회문화와 조직구조 등 5개 요소가 중요한 영향을 미친다.

국제사회에서의 획득은 외국인 직접투자, 기술도입, 턴키(turnkey)방식의 공장설립 등으로 이미 유용성이 확인된 기술을 제공함으로써, 개발도상국가에게는 중요한 기술원천이 된다. 국내사회의 공공 연구기관, 대학 및 다른 기업들 역시 기업의 기술획득에 귀중한 도움을 준다.

(3) 기업의 동태적 학습과정

기술환경의 동태적인 변화와 지원기관들과의 연계관계에 대한 이해만으로는 개발도상국가들 사이의 성장률 차이를 설명할 수 없다. 기술변화는 기업수준에서 국제화되는 것이기 때문에 기업의 기술습득과정의 동태성에 대한 이해는 필수적이다. 기업의 기술능력은 자체 개발노력에 의해 획득되는데, 국내외 기관들과의 상호작용을 통하여 증진되기도 하며, 규제에 의하여 제한당하기도 하며, 정부의 정책에 의해 촉진되기도 한다. 따라서 각 기업에 있어서는 자사의 기술능력을 증대시키기 위한 효과적인 기술

습득 방식을 갖추는 것이 기술개발의 가장 중요한 이슈가
된다.

기술능력의 획득이란 기존지식을 획득하여 소화하는 것
이며, 더 중요한 것은 새로운 지식을 창조하는 것이다. 점
진적인 학습은 행동에 의한 학습(learning by doing)에 의
하여 일어나지만, 급진적인 학습은 위기에서 생겨난다. 효
율적인 학습조직에서는 위기를 의도적으토 조성하고 위기
로부터 창조를 이끌어내기 위한 조직의 체계와 관리과정
을 게신시켜 나간다.

(4) 기술이전

효과적인 기술습득을 원하는 기업에서는 선진 외국기업
으로부터의 기술이전이 명시적 지식과 묵시적 지식 모두
에 중요한 원천이 된다. 기술이전의 형태는 기술도입자의
흡수능력에 따라 크게 좌우된다. 만약 기술도입자가 충분
한 능력이 있다면 거래비용 없이 외국기술을 효과적으로
얻을 수 있을 뿐만 아니라 역엔지니어링을 통하여 모방제
품을 생산할 수도 있다.

2) 특정부문의 기술산업 분석모형

오길환(2002)은 특정부문(CDMA)의 기술산업을 분석하기 위하여 설성수(1997)의 기술혁신 촉진모형과 Michael Porter의 산업경쟁력 모형을 응용하여 CDMA기술과 산업의 발전을 분석하였다(오길환·설성수, 2001; 오길환·안춘모·설성수, 2002). 분석모형은 기술요인, 기업요인, 시장요인, 정책요인이라는 요인을 이용하였다. 이 문헌의 세부적인 내용은 <표 2-4>과 같다.

〈표 2-4〉 특정부문의 기술산업 모형의 구조

구분	정책요인	기술요인	시장요인	기업요인
주요 분석 내용	◦ 과학기술시스템 ◦ 산업정책시스템 ◦ 기술혁신정책 ◦ 부품산업육성정책 ◦ 기술재택(표준)정책 ◦ 정보통신사업정책 ◦ 구매제도 ◦ 수출지원 등	◦ 기술혁신 패턴 ◦ 기술보유수준 ◦ 기술개발 전략 ◦ 기술개발 관리 ◦ 기술이전체계 ◦ 기술경쟁/대체관계 ◦ 국제기술표준 등	국내시장 ◦ 이동통신사업시장 ◦ 통신사업자경쟁전략 ◦ 통신사업자시장전략 국제환경 ◦ 통신서비스패러다임 ◦ 외국이동통신표준 등	◦ 경쟁전략 ◦ 제품혁신 강도 - 브랜드 이미지 - 품질수준 ◦ 생산시설 투자 - 가격경쟁력 ◦ 부품확보체계 ◦ 마케팅/판매전략 ◦ 해외시장진출전략
비고	정부	연구기관	시장 (국제, 국내)	기기제조 판매기업 (부품제조기업)

자료: 오길환·설성수(2001).

오길환(2002)은 이와 같은 모형을 이용하여 CDMA 기술 개발 및 산업 성공요인 간 인과관계를 분석한 결과 기술 개발성공에는 정부주도의 대형프로젝트, 대형시스템의 개발력, 기술 공동체 형성 등이 주요요인으로 작용한다는 것을 도출해낸다. 이는 기술선택 시점의 중요성을 시사하는바 정부가 우수한 기술이 등장하는 것을 모니터하고, 적극적으로 개발하도록 추진히는 것이 중요함을 의미한다. 다시 말하면 이는 Dosi & Nelson의 기술경제패러다임에서의 설명과 마찬가지로 선택메커니즘의 적합성과 주체자들의 상호작용이 현실상황에 적용하였음을 입증한다.

CDMA산업 성공에는 국내시장의 급성장, 기업의 기술력 강화 및 제품혁신 노력, 단말기 보조금 제도, CDMA 채택국가 확대, 기업의 마케팅 노력 등이 주요요인으로 작용하였다. 즉 산업성공요인은 시장요인 > 정책요인 > 기업요인 > 기술요인 순으로 영향을 미쳤는데 향후에는 정책요인 중 가장 큰 영향을 미쳤던 단말기 보조금 제도가 폐지되면 시장요인 > 기업요인 > 기술요인 > 정채요인의 순으로 바뀔 가능성도 배제하지 않았다.

2. 본 연구의 분석모형

김인수(2000)는 국가 차원의 경제발전과 기업성장을 위한 산업부분에서의 기술습득에 기술환경, 제도환경, 기업의 학습과정, 기술이전이라는 4가지 분석의 틀을 제공하였고 오길환·설성수(2001)는 특정부문의 기술산업을 분석하기 위하여 기술요인, 정책요인, 시장요인, 기업요인 등 4가지요인으로 분석모형을 설정하였다. 이 분석들은 어느 한 국가나 혹은 특별산업 또는 특정기술의 성공이나 획득을 분석하기에는 적합하다고 사료된다. 그러나 대덕연구단지와 같이 한 지역의 발전 모형으로 사용하기에는 적합하지 않다.

이에 따라 본 연구는 상기연구들의 방법론을 나름대로 변형하여 새로운 분석모형을 <그림 2-1>과 같이 설정하여 단계별로 이 요인들이 어떻게 작용하는지를 설명하려 한다. 즉 본 연구는 대덕연구단지의 발전과정을 3단계 진화로 나누어 각 단계를 정책요인, 기술요인, 기업요인 및 시장요인의 진화로 검토한다. 정책요인에는 정부의 순수한 정책사업과 제도를 동시에 포함한다. 또한 기술요인은 기술창출과 기술이전을 포함하나 언급 시에는 두 항목을 나누어 설명한다.

〈그림 2-1〉 새로운 분석모형

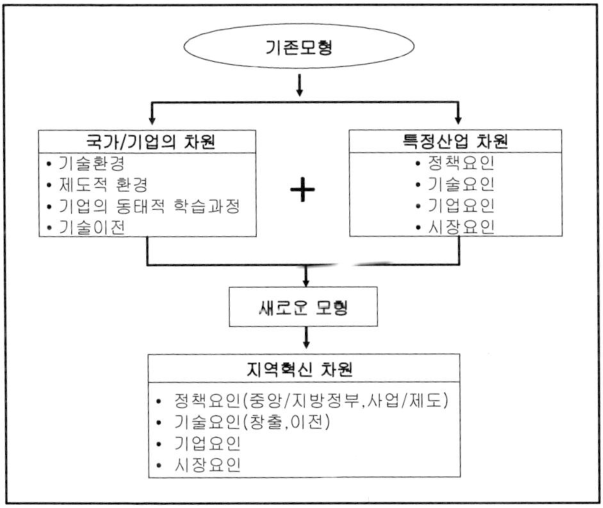

제 3 장

1단계 진화

- 벤처기업의 배태

　대덕연구단지는 국가혁신체제의 변화와 함께 그 역할과
기능이 지속적으로 변화되었다. 본 연구는 제3장에서 대
덕연구단지의 조성배경, 발전과정 및 벤처기업이 형성되
는 1단계의 진화과정에 대하여 전면적으로 분석한 다음
새로운 분석모형에 입각하여 1단계의 요인들에 대하여 종
합평가를 한다. <그림 3-1>은 본 연구를 위한 대덕연구
단지의 배치도이다.

〈그림 3-1〉 대덕연구단지 배치도

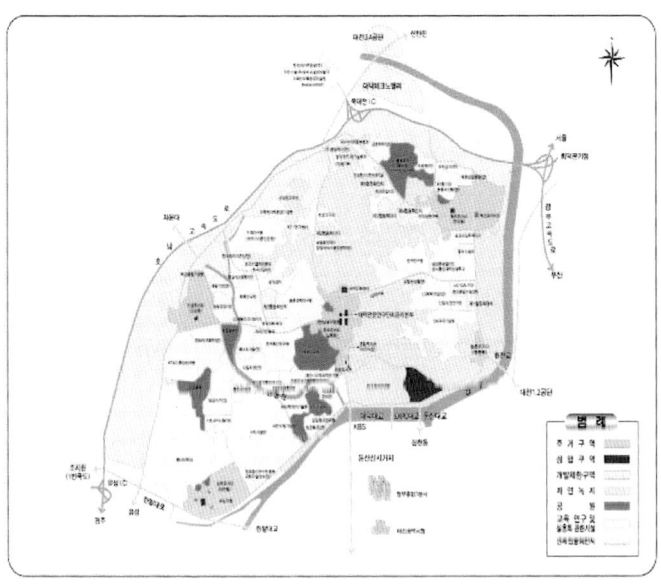

자료: 대덕연구단지지원본부(2005).

제1절 대덕연구단지 형성

1. 조성배경

1960년대 초부터 수출주도형 공업화정책을 추진하던 한국정부는 경제발전의 토대로서 과학기술의 중요성을 인식하고 있었다. 이에 따라 정부는 1966년 한국 내 최초의 정부출연연구기관인 한국과학기술연구소(KIST)를 서울 외곽의 홍릉에 설립하게 되었다.

한편 1962년 제1차 경제개발 5개년 계획이 실시되면서 인구의 도시집중 및 도시비대화 현상이 심화되기 시작하자 과학기술부는 1960년대 말부터 수도권에 산재한 연구기관을 수용할 연구·교육단지의 필요성을 인식하고 '과학기술개발 장기종합 계획'에선 이 문제가 검토되었다. 그런데 일본의 연구학원도시 츠쿠바가 동경 외곽에 신도시를 건설하여 연구교육기관을 집결시키자 이를 모델로 하는 새로운 연구학원도시를 대덕에 건설하였다.

대덕연구단지는 대전시에 인접한 외부지역으로 840만 평의 부지 위에 형성된 것이다. 생산기능을 배제한 순수한 연구 및 교육기능 위주의 단지이나 단지 거주자의 주거환경을 위해 제한된 주거 및 상업지역이 허용된 것이다. <표 3-1>은 대덕연구단지 초기의 주요 연혁표이다. 1970년대는 토지공사가 마무리되는 후반부터 한국표준연구원을 비롯한 일부 연구기관이 입주하였고, 1980년대에는 정부출연 연구기관이 대부분 입주한다.

〈표 3-1〉 대덕연구단지 첫 단계 진화 연혁

	일시	대덕연구단지	벤처관련
형성	1970년대	-840만 평을 교육/연구지구로 고시(73.11.) -연구기관 입주시작(표준연, 78.3.) -교육기관 입주시작(충남대, 78)	
	1980년대	-정부출연 연구기관 대부분 입주 -전자통신연구원　(84) -대덕대학 입주　(82) -과학기술대학 입주　(84)	-최초 연구원창업 (89.8.)
첫 단계 진화	1990년대	-한국과학기술원 이전　(89-90) -연구원창업지원제도 시행　(91.10) -대덕연구단지 준공　(92.11) -대덕연구단지관리법 제정　(93.12) -민간연구소 본격입주　(90-96) -KAIST창업보육센터개설　(94) -기술실용화지역 허용　(96.12) -대덕연구단지관리계획 고시　(97. 1)	-최초 민간 보육 센터(93) -대덕밸리벤처연 합회(96.12.)

자료: 설성수 외(1999), 설성수 외(2002) 보충

보다 구체적으로 보면 한국표준과학연구원이 1978년 3월에 입주를 시작하고 1980년대 초까지 한국원자력연구

소, 한국기계연구원, 한국화학연구소, 한국전자통신연구원 등 중요한 정부출연연구기관이 입주하였다. 기업부설연구소의 경우 쌍용종합연구소가 1979년 3월에 입주했지만 1980년대까지는 3개의 연구소가 입주하였으며, 대부분의 기업부설연구소는 조성이 거의 완료된 1990년대에 입주를 본격화하였다. 한편 교육기관으로는 1978년에 충남대학교가 이전하였으며, 한국과학기술원은 1990년에 입주하기 시작하였다. 이렇게 대덕연구단지는 조성이 시작된 1973년부터 20년의 건설기간을 거쳐 1992년에 준공되었다.[2]

이어 1993년 12월에는 대덕연구단지관리법이 제정되어 대덕연구단지 관리의 법적 근거를 가지게 되었다. 이 법에 따라 대덕연구단지의 토지는 교육·연구시설보호구역(399만 평, 47%), 주거지역(72만 평, 9%), 상업지역(11만 평, 1%), 녹지구역(385만 평, 43%) 4개 구역으로 구분되었다.[3] 또한 교육연구시설 내에의 입주심사, 입주기관 부지의 양도 제한, 입주기관 부지의 임대·전세권 설정의 제한이 이루어졌다.

그러나 이 시기까지만 해도 연구원들은, 특히 해외에서 귀국한 연구원들은 대덕으로 내려오는 것을 꺼렸다. 연구

---

2) 설성수 외(1999), 54~55쪽.
3) 윤창국(2003), 74쪽.

단지 내에 주거시설이 있고, 주거시설 내에 자녀들을 위한 교육시설이 있었지만 그로는 부족하였다. 또한 대도시 외곽지역이지만 대도시와 연계되지 않아 자녀교육에 문제가 있었고 문화오락 등 도시지원기능도 미흡하였기 때문이다. 이 시기까지는 부지조성과 연구소 이전, 나아가 연구원 확보가 연구단지 전체의 주요 이슈가 되었다.

2. 단지조성의 기본의도[4]

대덕연구단지는 표면적으로는 교육연구도시로 출범하였다. 그러나 건설 초기에도 2005년에 결정된 대덕R&D특구와 같은 산업지구가 고려되어 있었다. 이 고려가 대덕R&D특구와 달리 암묵적이라는 차이가 있었던 것이고, 그 이후 초기의 의도가 살려지지 않아 소멸되었기에 대덕연구단지는 영원히 교육연구도시로 존속할 수밖에 없게 된 것이다.

대덕연구단지 초기 건설자들은 연구단지에 인접해 있는 동부지구(약 80-90만 평)와 대덕테크노밸리와 인근지역, 강 건너 내선 제3, 4공업단지 지역의 연계를 통해 생산시

---

4) 1980년대 초반부터 1992년까지 대덕연구단지 관리본부에 근무했던 과학기술부 박경수 서기관과의 인터뷰 내용, 2006. 4.

설의 입지를 계획하고 있었다. 이 지역은 이미 입주하고 있는 대전 제1, 2산업단지를 시작으로, 현재 대전시 하수 종말처리장과 엑스포아파트단지인 동부지구를 거쳐 북쪽으로 이어져, 대덕테크노밸리와 인근지역에서 다시 약간 동쪽으로 대전 3, 4산업단지로 연결되는 생산시설지역을 염두에 두고 있었던 것이다. 이 지역은 총 700 – 800만 평에 달하는 것이라 거의 연구단지 전체 지역과 비슷한 면적이다. 참고로 2005년 대덕R&D특구로 발전하며 새롭게 편입된 지역은 1,066만 평이다.

이들은 동부지구와 대덕테크노밸리 인근지역은 절대농지라 다른 용도로 사용할 수 없을 것이고, 대덕테크노밸리는 대전시가 첨단산업 입지로 지정한 곳이라 다른 용도로 사용하지 않을 것이라 예상하고 있었다. 그러할 경우 시간이 흐르며 연구단지에서 배출된 기술이 산업화될 수 있는 생산시설이 되리라 예상했던 것이다. 그럼에도 이 지역들을 생산단지로 지정하지 않은 이유는 연구단지 지정도 면적이 넓어 힘들었고 언제든 이 지역들을 과학기술부가 관리할 수 있다고 판단하였기에 암묵적으로만 관리한 것이다.

어떻든 1993년 세계엑스포 행사가 연구단지 남쪽의 공터에서 개최되어 컨벤션센터 등이 입주할 연구단지 남쪽

지역이 훼손되었고, 동부지구의 북단에 엑스포 행사를 치르는 행사요원을 위한 아파트단지가 건설되었다. 이로 인해 1, 2산업단지에서 북쪽으로 이어지는 생산시설 부지가 끊기게 된 것이다.

더욱 치명적인 점은 동부지구 남쪽지역에 대전시의 하수종말처리장 12만 평이 입주(완공 2000년)하게 된 것이다. 이로 인해 동부시구가 중간만 남은 형태가 되었다. 1995년경 모든 시설의 입주를 관장하던 연구단지 관리본부에서 하수종말처리장의 입주를 허락한 것은 원래 예상하였던 생산시설이 입주하게 될 경우 공단의 폐수를 처리할 시설이 공단 인근에 위치하는 것이 바람직하다고 보았다는 것이다.

이러한 상황에서 1995년 지방자치제도가 시행되어 연구단지를 관리하던 과학기술부가 대전시를 통제할 수단을 잃게 되었고, 향후 대덕테크노밸리에 대규모 아파트 단지가 입주하는 사태가 발생한 것이다. 이로 인해 연구단지 인근에 생산시설을 입주시켜 현재의 대덕R&D특구아 같은 형태를 유지하려던 초기 의도는 완전히 무산되었다.

3. 정책적 변화

대덕연구단지의 형성과 발전과정에서 정부는 주도자의 역할을 했다. 정부 역할은 첫째, 전기·용수·부지조성 등 인프라 구축 역할을 수행하였고, 둘째, 관련 연구기관 및 교육기관을 이전시키고 입주시켰다. 셋째는 기업연구소들을 유치하였다. 네 번째는 연구원 확보, 국제적인 도시로서의 위상확보 등과 같은 간접적인 지원정책을 수행하였다. 요약하자면 대덕연구단지는 중앙정부의 재정적, 물리적, 조직적 지원을 바탕으로 형성된 것이다.

1) 중앙정부의 정책

중앙정부의 개입은 과학기술부만이 아니라 여러 부처에 의해 이루어진 것이다. 과학기술부의 단지건설 계획수립과 단지관리 업무가 있고, 건설부의 단지건설, 교육부나 기타 부처의 교육·용수·전기·통신 등과 같은 인프라 구축 등이 이루어졌다.

(1) 우수 연구원 확보 지원

단지조성이나 연구기관 및 교육기관의 유치와 같은 일

반적인 활동 이외에 연구단지의 안정에 기여한 간접정책
은 두 가지가 있다. 하나는 1985년 연구단지가 속한 대덕
지역을 대전시에 편입시켜 대도시의 지원기능과 연결시킨
것이며, 다른 하나는 1993년 8월의 국제 엑스포 행사의
개최이다.

대덕지역의 대전시 편입은 대도시가 확대되는 일반적인
경향에 따라 이루어진 정치적인 결정이지만, 대덕에서는
대도시가 주는 지원기능을 통해 해외에서 귀국한 연구원
을 확보할 수 있는 한 계기가 되었다. 그러나 이 노력도
그렇게 큰 성과를 거두지 못했다. 당시에 5대 도시의 하
나인 대전시만 해도 해외에서 귀국하는 우수 연구원들을
유치하기에 부족한 하부구조를 가지고 있었던 것이다.

한편 1993년 8월에는 108개국 33개 기구가 참여하는 국
제 엑스포, '93 대전엑스포가 개최되었다. 이는 그동안 국
내용으로 머물러 있던 대덕연구단지가 국제적 위상을 갖
도록 하는 계기가 되었고, 대덕연구단지 인근의 각종 사
회간접자본들이 선진화되는 계기가 되었다. 엑스포를 위
한 사회간접자본 구축으로 인해 "대전시의 발전이 10년
단축되었다."라 할 정도로 많은 개선이 이루어졌다. 그리
고 이 시기를 전후해 연구원들의 대덕입주라는 문제는 해
소되었다.5)

(2) 소프트정책

1단계에 있어서 소프트적인 정책은 아주 미미하다. 다시 말해 연구단지에서 배출되는 기술의 이전, 활용, 창업지원 등과 같은 정책은 약했던 것이다.

2) 지방정부의 정책

연구단지가 형성될 시점만 해도 지방정부의 역할은 거의 미미하였다. 중앙정부의 권한이 워낙 막강하여 지방정부는 수동적으로 중앙정부의 명령을 따를 수밖에 없었던 것이다. 참고로 지방자치제가 시작되기 이전의 대전시의 시장은 3급이었는데, 대덕연구단지 관리본부장이 3급이었다. 그런데 대덕연구단지 관리본부장은 중앙정부 파견이라 대전시장보다 급이 더 높았다.

또한 지방정부에는 과학기술을 다룰 수 있는 역량이 부족하고, 정책수단이 결여되어 큰 기여를 할 수 없었다.

---

5) 1990년대 중반 이후 인터넷의 발달로 지방에서의 정보소외가 해소되었다는 점도 우수 연구원들이 대전으로 올 수 있었던 주요한 이유라 평가된다(설성수 인터뷰, 1995. 12.).

제2절 1단계 진화-벤처기업 배태

1. 인식의 변화

전술한 바와 같이 대덕연구단지는 조성 계획단계에서부터 特殊한 연구교육기능을 갖는 독립적인 도시로 구성되었고, 여하한 형태의 산업기능은 공식적으로는 저음부터 배제되었다. 산업기능은 암묵적으로 인근지역을 염두에 두고 있었을 뿐이다. 그렇다 해도 연구단지 내에는 연구단지에서 창출된 기술의 사업화 공간이나 실용화 등에 대한 여하한 고려도 없었다.

이는 세 가지로 설명된다. 하나는 연구단지는 연구만 하는 곳이라는 당시의 연구단지의 역할에 대한 인식이다. 이는 한국만 그런 것이 아니고 일본에서도 마찬가지이었다. 다른 하나는 대덕연구단지 입주 연구기관들은 처음부터 국가 전체를 대상으로 한 기술개발이라 사소한 활용은 고려대상이 아니라고 인식되었다는 점이다. 마지막으로는 조건이 성숙될 때 활용하기 위해 인근지역에 생산시설지역을 암묵적으로 확보해놓고 있었다는 것이다.

대덕연구단지관리법은 교육과 연구 이외의 일체의 산업시설을 허용하지 않아 연구단지에 입주한 기업들의 역할은 연구소 운영이라는 형태로 유지되었다. 그런데 민간기업의 연구소들도 대부분 1990년대 중반 이후 입주하였으므로 사실상 1990대 후반 이전까지의 시기에는 기업이 거의 없었다 해도 과언이 아니다.

연구단지에 기술활용이나 벤처기업에 대한 고려사항이 없었다는 점 외에도 출연연구기관에도 이에 대한 고려가 없었다. 보다 정확히 표현하자면 중앙정부의 정책에만 그러한 요소가 없는 것이 아니라 해외에서 공부하고 귀국한 연구원들이 주를 이루는 연구기관에서도 연구결과를 산업적으로 활용하고자 하는 마인드가 결여되어 있었다는 점이다.

이 시기까지의 출연연구기관의 가장 중요한 임무는 연구개발기능 이외에 고유 업무를 수행하면서 이루어지는 공공서비스이다. 시험분석 평가와 같은 기술적인 기능수행이 그것이다. 두 번째는 순수한 연구개발이나 고유 업무를 수행하기 위한 과정에서 부수적으로 얻어지는 것으로 기술정보, 정책정보와 같이 정보의 형태를 가지는 것과 중소기업에 대한 기술지원이나 기술자문 혹은 기술지도 등이다. 기술이전이나 사업화 등은 출연연구기관이나 교육기관에 처음부터 기본 임무로 주어진 것이 아니었다는 것이다.

세 번째로는 중앙정부나 연구기관뿐 아니라 연구원들도 창업이나 산업적 활용에 대한 마인드가 부족했다는 사실이다. <표 3-1>에서 보는 바와 같이 1980년대 말에야 최초의 연구원 창업이 이루어진다. 기술에 기반을 둔 이러한 창업은 한국 전체에서는 최초의 연구기관인 한국과학기술연구원에서 1970년대부터 존재하였고, 서울지역에서는 이미 1980년대에 기술창업 붐이 존재하기도 하였다. 그럼에도 대덕연구단지에서는 1980년대 말에야 최초의 기술창업이 이루어진 것이다.

2. 벤처기업의 배태와 집적화

한국표준과학연구원의 원종욱 박사가 1989년 8월에 창업한 레이저 전문기업 원다레이저를 기점으로 같은 연구원 임재선 박사가 3차원 측정기를 주력상품으로 창업한 (주)덕인, 전자통신연구원에서 창업한 (주)서두로직과 에덴전자, 국방과학연구소에서 창업한 다림시스템, 전자통신연구원의 아펙스와 삼광전자통신, 시스템공학연구소에서 창업한 (주)위세정보기술(현, 위세아이텍), 엑셀시스템, 핸디소프트 등이 1990년대 초반에 설립된다.

이러한 흐름에 따라 과학기술부가 연구원 창업지원규정

을 허용한 것이고, 한국과학기술원은 과학기술부의 지원을 바탕으로 대덕연구단지 내에 최초로 창업보육센터를 1994년 개설하였다.[6]

이어 1996년 대덕연구단지관리법이 개정되며 산업시설이 아닌 연구원창업(Spin - Off)이 허용되며 연구단지에서 배태된 기술의 사업화가 고려되기 시작하였다. 이로 인해 1997년에는 대전소프트웨어지원센터가 개관되었으며, 1998년 10월에는 대전중소기업종합지원센터가 개관되었다. 대덕연구단지에 입주하고 있는 두 개의 지원센터는 창업보육센터를 운영하여 한국과학기술원 창업보육센터만으로 부족했던 벤처기업을 위한 공간이 확대되었다. 이 시설들로 인해 대덕연구단지 파생 벤처기업의 공간문제가 상당부분 해소되었고, 대덕연구단지 파생이 아닌 벤처기업도 대덕연구단지 입주가 비교적 자유롭게 되었다.[7]

<표 3 - 2>는 벤처기업의 수와 고용인원수를 나타내는 표이다. 이 표에서 볼 수 있듯이 1988년부터 1998년 말까

---

6) 당시 대전에는 국내 최초 창업보육센터인 (주)중부컨설팅이 운영하는 영동창업보육센터가 1993년에 개소되어 연구단지 이외 지역의 창업기업들을 보육하고 있었다. 그러나 이 보육센터는 대덕연구단지 파생기업과는 큰 관계가 없다.

7) 1988~1998년간 벤처기업의 증가 수와 모태기관으로부터 파생된 기업의 구체적인 수는 설성수 · 박정민 · 서상혁(2002) 참고.

지 '대덕' 내의 벤처기업 수와 고용인원수는 점차 증가세
를 보여주었다. 즉 벤처기업의 수는 1988년부터 1998년
11월 사이에 총 65개로 증가하였고 벤처기업의 고용인원
은 1988년의 25명에서 951명으로 늘어났다.

〈표 3-2〉 벤처기업 현황(1998.11.)

	88/89년	90/91년	92/93년	94/95년	96/97년	98년	계
벤처기업수	1/1	2/3	6/3	7/9	20/9	5	65
고용 (명)	25/21	35/161	84/70	96/91	187/121	54	951

자료: 설성수·박정민·서상혁(2002).

3. 기술창출과 이전

연구단지 입주기관들의 활동도 시간이 가며 안정되기
시작하였다. <표 3-3>는 대덕연구단지 연구기관의 산업
재산권 보유 수이다. 이 표에서와 같이 1997년 6월을 기
준으로 특허 등록건수에서 민간기업 연구소가 정부출연연
구기관의 1/3 수준에 접근하였다. 이는 민간연구소가 1990
년대 중반에 본격적으로 입주하기 시작한 점을 감안하면
연구중심형에서 민간연구기관의 비중이 크게 증가했다고
할 수 있다. 연구기관의 연구개발 결과가 기업에 활용된
기업화 실적과 연구기관이 연구개발 결과를 기업 등에 양

도하면서 체결한 기술료 실적은 산업적 활용의 중요한 지
표로 볼 수 있다.

〈표 3 - 3〉 대덕연구단지 연구기관의 산업재산권 보유 수(1997.6.)

(단위: 건)

| | 국 내 | | | | | 국제특허 | |
| | 특허 | | 실용신안 | | 컴퓨터
프로그램 | | |
	출원	등록	출원	등록	등록	출원	등록
출연(연)	7,592	3,112	232	124	7,763	1,649	487
기업연구소	4,076	950	539	67	299	509	134
기타 공공연구소	208	63	48	10	80	24	2
계	11,876	4,125	819	201	8,142	2,182	623

자료: 윤창국(2003).

<표 3 - 4>은 대덕연구단지의 출연(연) 연구개발 기업화
실적표이다. 결코 기업화 실적이 작은 것이 아니다. 다만
보유하거나 개발된 기술을 체계적으로 이전하고자 하는
노력이 부족했다는 것이다. 1990년까지 300건이 넘는 추
진실적이 존재하고 있었고, 벤처붐을 유발한 IMF 시작시
기에는 연 200건 이상이 기업화되고 있었다. 이 수치는
기업화 성공여부를 기준으로 한 것이 아니라 어느 정도

국가에 기여했느냐의 지표는 될 수 없다. 그러나 민간부
문으로의 기술이전을 할 수 있는 상당한 기술을 보유하고
있었고 또한 매년 많은 기술을 창출하고 있었다는 점을
확인할 수 있다.

〈표 3-4〉 대덕연구단지의 출연(연) 연구개발 기업화 실적

(단위: 건)

	연도별							
	~1990	1991	1992	1993	1994	1995	1996	계
완　료	228	38	63	100	131	115	138	813
추진중	81	31	37	33	44	61	78	365
계	309	69	100	133	175	176	216	1,178

자료: 윤창국(2003).

　기업화의 중요한 사례로 한국전자통신연구원이 교환기,
CDMA기술 등은 국내의 통신시장 전체 구조를 바꾸었고,
국내의 정보통신 분야를 세계 최고수준까지 향상시키는
결과를 가져왔다. 따라서 이전대상의 기술이 없어서가 아
니라 해당기술을 활용할 창업마인드나 체계적인 이전경로
를 마련하지 못했다는 것이 일반적인 지적이라 할 것이다.
　<표 3-5>는 대덕연구단지 출연(연)의 기술료 계약/징수
실적표이다. 표에서 보다시피 1990년대에 전체 기술계약

건수, 계약액 및 징수액이 크게 증가하였다. 한마디로 요
약해 외부로 기술을 체계적으로 이전하고 사업화할 수 있
는 준비가 된 것이다.

〈표 3-5〉 대덕연구단지 출연(연)의 기술료 계약/징수 실적

(단위: 건, 백만 원)

	연도별							
	~1990	1991	1992	1993	1994	1995	1996	계
건수	175	30	35	45	48	53	83	469
계약액	9,159	3,284	4,022	20,698	6,756	6,324	6,387	57,170
징수액	2,964	1,265	2,009	2,200	2,200	2,578	2,435	14,718

자료: 윤창국(2003).

4. 진화 촉진 정책

1) 중앙정부 정책

과학기술부는 1989년 최초의 벤처기업이 등장한 후
1990년 9월부터 정부연구기관 연구원들의 창업을 지원하
는 연구원창업지원제도를 시행하였다. 이로 인해 연구원
들에 의한 창업이 어느 정도나마 존재하게 되었다. 그 이
전까지는 창업 자체에 대한 두려움, 연구기관에서의 이해

부족 등으로 인해 창업은 고려대상도 아니었다.

두 번째 정책은 1996년 말에는 대덕연구단지관리법이 개정되어 연구단지 내에 창업보육센터가 만들어질 수 있게 되었다. 연구교육시설 외에는 어떠한 시설도 입주할 수 없었지만 대덕연구단지관리법을 개정하여 연구단지 내에 기술실용화구역이 추가한 것이다. 이로 인해 대덕연구단지는 1990년대 후반의 벤처붐이라는 상황변화를 맞아 벤처밸리로 진화할 수 있게 된 것이다.

한편 벤처붐이 시작되는 1990대 후반에는 협동화단지 건설비용 지원정책을 통해 대덕연구단지 내에 협동화단지를 건설할 수 있게 하였고 허용된 공간에서 벤처기업의 단독건물 구축도 이루어질 수 있게 되었다.

2) 지방정부 정책

1995년 지방자치제도가 시행되며 대전시의 시장은 선거에 의해 선출되는 선출직이 되었다. 이로 인해 중앙정부와 대덕연구단지가 속한 대전시의 관계가 단절되고 대덕연구단지를 관장하는 과학기술부의 의도가 그대로 대전시에 전달되지 못했다. 보다 정확히 언급하자면 대전시는 한편으로는 중앙정부가 대전시민의 이익을 침해한다고 보고 과학기술부가 강제로 억제해놓은 각종 시책을 어떻게 하면 해소시킬 것인가를 궁리하는 형식이 되었다. 국가 차원에서 의도한 대덕연구단지의 발전보다는 대전시민의 눈앞의 이익이 우선이었던 것이다.

대덕밸리로의 발전에서 대전시는 중앙정부와 뜻을 같이 하였다. 대전지역의 기업이 연구단지에 입주할 수 있게 되었고 연구단지 인근지역에 기업들이 입주하게 되어 지방자치단체로서는 특별한 정책이 없이도 그 혜택을 볼 수 있었기 때문이다.

제3절 1단계 진화의 종합평가

대덕연구단지 1단계의 진화과정에 대하여 다음과 같이 정리할 수 있다. 대덕연구단지는 1970년대에 정부의 정책과 연구기관들의 기술로 시작된 것이다. 이러한 추세가 10여 년 지속되며 1989년 최초의 창업기업이 배태되고 그로 인해 창업지원규정이 만들어진다. 이어 창업기업들이 국부적으로나마 형성되기 시작하면서 창업지원센터가 만들어지고, 창업기업들을 지원하기 위한 연구형 사업화시설들이 허용된다.

다시 말해 조건이 형성되면서 다음 단계의 정책이 등장했고, 그로 인해 다시 다음 단계로 도약하는 진화의 형태를 취하였다. 정부의 정책으로 많은 연구기관들이 입주하면서 기술을 창출하여 그 기술을 이용한 벤처기업들이 형성되던 전형적으로 늦은 진화형태가 나타났던 것이다. 즉 진화론의 이론적인 논점을 검토하자면, 정부와 연구기관이라는 주체가, 공공부문의 연구활동 속에서 나타난 창업기업이라는 변이를, 상황에 맞도록 조정해나간 것이 1단계의 진화과정인 셈이다. 진화론이라는 큰 설명을 구성하는 세부요인을 기준으로 보면 다음과 같다.

대덕연구단지는 기본적으로 기술창출지역으로 형성되었다. 그러나 기술이전과 창업기능은 처음부터 계획된 것이 아니라 상황변화에 따라 성숙되어 1단계 진화과정에서는 이러한 요인에 대한 조건이 성숙된 시기라 할 것이다. 또한 이러한 기술의 시장성공은 아직까지 전혀 고려되지 못했다. 기술창업이나 사업화 자체가 고민되지 못하는 풍토에서 이러한 기술이 시장에 나가 성공하는 문제는 아직은 크게 고민되지 않았던 것이다.

기술창업이나 사업화가 고민되지 못하는 상황에서 시장성공 혹은 기업조직 내의 성공을 논할 상황은 더더욱 아니었다. 정책요인 역시 기술창출까지는 좋았지만 사업화나 창업까지는 크다고 할 수 없다. 물론 이 기간 동안 중요한 몇 개의 성공적인 기술이 있었지만 이러한 기술의 창출에 사용된 노력은 전체의 극히 일부에 지나지 않아 기술사업화나 기술창업 정책은 미미했다고 할 수 있다. 그러나 조건의 성숙에 따라 정책도 변하고 있어 정책의 진화기능은 작동하고 있었다고 평가된다.

제 4 장

2단계 진화

─ 대덕밸리의 형성과 발전

제1절 대덕밸리의 형성

1. 형성원인

대덕연구단지에서의 조건변화는 대덕밸리로의 발전으로 연결된다. 이를 설명하기 위해서는 내적인 조건변하와 외적인 자극으로 구분될 필요가 있다.

1) 내적인 조건성숙

전술한 바와 같이 대덕연구단지에는 1990년대 중후반까지 이전할 기술도 풍부해지고, 연구원들의 기술창업에 대한 마인드도 형성되고, 이를 지원할 연구원창업지원제도나 창업보육센터 등도 마련되었다. 다시 말해 여러 조건이 형성된 것이다. <표 4-1>은 1단계에서 누적된 요인 및 내용이다.

〈표 4-1〉 1단계에서 누적된 요인

요 인	내 용
연구기관	누적된 개발기술
연구주체	창업마인드 확산
연구단지	실용화 공간 허용
지원제도	연구원창업지원제도
창업지원	창업지원센터 구축

2) 외적인 조건변화

1997년 11월 한국은 외환위기를 겪게 된다. 이에 따라 기업이나 정부기관의 구조조정 과정에서 이루어진 해직 역시 대덕밸리를 형성하는 중요 요인이기도 하다. 한국정부가 공식적으로 IMF에 외화지원 요청을 하면서 소위 'IMF 사태'라는 국가적인 외환지급 불능이 시작되었고, 경제는 급격히 악화되었다. 환율이 수개월 사이에 2배 이상 급증하고 실세 금리가 50% 정도까지 치솟는 상황이 발생하며, 수입의존형 기업이나 차입의존형 기업은 크게 어려움을 겪고 많은 기업이 도산하였다. 이러한 상황을 극복하기 위한 구조조정은 대덕연구단지에서는 먼저 기업연구소가 겪었고 이어 정부연구기관에도 나타났다.

기업연구소에서는 1998년 초부터 대규모 감원이 시작되

었는데, 1998년 중에 대부분의 민간연구소에서는 30-40%
의 인력이 감원되었다. 감원은 선택적인 해직도 있었지만,
특정 부서 전체의 해직, 모든 계층에서 10% 혹은 20% 감
원의 형태를 취하기도 하였다. 행정직뿐 아니라 연구직도
감원대상이 된 것이다. 그러나 시간이 흐르며 감원 정도
가 아니라 일부 연구소는 모기업의 도산으로 폐쇄되었고,
일부 연구소는 외지로 이전하였다.

정부연구기관이나 정부투자기관의 구조조정 형태는 민
간연구소와 약간 달리 나타났다. 모든 정부연구기관에서
는 1998년에 예산이 10% 축소되었고, 1999년에는 전년 대
비 5% 감축되었다. 한편 인원 측면에서는 1998년 6월까지
57세 이상자를 포함한 명예퇴직, 12월 말까지 단순직의
아웃소싱이 요구되었다. 명예퇴직은 고령자에게만 국한된
것은 아니었지만 대체로 15-20%, 단순직의 퇴직에서 역
시 15-20%의 감원이 이루어져 전체로 30-40%의 감원이
이루어졌다. 이 조치로 인한 감원은 실제로 1999년까지
연기된 부분도 있었지만, 1999년 중에 정년이 65세에서
62세로 낮아지며 결국 고령인력 전체에 대한 감원이 이루
어졌다.

구조조정의 결과 파생된 기업이 모두 기술기반의 모험
적인 벤처기업은 아니었다. 진정한 의미의 벤처기업은 코

스닥 시장에서 일부 벤처기업의 주가가 크게 상승하여 벤처기업이 큰돈을 벌 수 있는 기회라는 점이 강하게 인식되는 1999년 하반기 이후의 자발적인 퇴직에서 집중적으로 등장한 것이다. 특히 2000년에 창업을 위한 자발적인 퇴직이 급격히 확대되며 연구기관의 연구활동 자체가 위협받는 현상이 이 시기 이후 2001년도까지 이어졌다.

이렇게 볼 때 연구인력의 벤처기업으로의 이동은 세 경로로 이루어졌다 할 것이다. 가장 큰 비중은 벤처붐이 고조됨에 따라 이루어진 자발적인 이직이라 판단된다. 다음으로는 각 연구기관이 구조조정을 위해 연구원 창업지원제도 이상으로 여러 측면에서 창업을 지원하며 이직시킨 경우이다. 세 번째는 강제적으로 퇴출된 인력들이다. 어떠한 경로이든 이들은 모두 대덕밸리를 뒷받침하는 인력 풀이 되었다 해도 과언이 아니다.[8]

앞에서 언급한 내적인 조건성숙에 이어 벤처단지로 발전하기 위한 인적조건이 외적요인에 의해 형성된 것이다.

---

8) 프랑스의 소피아-앙티폴리도 1990년대 초반 비슷한 상황을 겪는다. 대형 정부연구소나 대기업에서 대규모 해직이 있었고, 이로 인해 벤처기업이 확대되는 계기가 되었다. 프랑스에서 10년 전에 있었던 현상이 대덕에서도 나타난 것이다.

2. 벤처정책

1) 중앙정부의 정책

벤처기업 육성정책은 외환위기가 발생한 직후인 1998년 초에 출범한 '국민의 정부'에 있어서는 새로운 경제를 건설할 수 있는 유일한 대안이나 마찬가지이었다. 대기업이나 중소기업 모두 외환위기의 대상이어서 이들이 새로운 성장동력으로 작용할 수 없었다. 경제 주체의 한 축인 가계 혹은 소비자들 역시 구조조정의 여파 혹은 종사하고 있는 기업의 어려움으로 인해 소비능력이 부족해 이들도 성장의 주체로 작용할 수 없었다. 금융기관 역시 기업들의 도산과 높은 금리를 감당하지 못하는 상황이라 역할을 제대로 수행할 수도 없었고 이들 역시 도산의 여파로 빠져들었다. 결국 벤처기업이라는 새로운 주체, 기술창업이라는 새로운 대상을 중심으로 한 성장을 시도하게 된 것이다.

얼겨히 보면 벤처기업정책의 뿌리는 설립 1년을 맞는 중소기업청의 독립된 정부기관으로서의 의지에 기반을 둔 것이기도 하다. 중소기업청은 산업자원부의 한 개의 과 수준으로 기능하고 있었고, 산업표준을 담당하는 기관 정도로서 기능하다 중앙정부의 청 단위로 발전한 것이다.

따라서 나름대로의 중앙정부로서의 정책기능을 강구하게
되었고, 그 결과 강력한 중소기업정책을 입안하고 있었던
것이다. 이 정책의 내용을 국민의 정부에서 벤처기업정책
이라는 형태로 채택한 것이다.

즉 대덕밸리는 대덕연구단지라는 조건에 '국민의 정부'
가 추구한 1998년 이후의 벤처정책이 가미되어 형성된 것
이라 할 수 있다.[9] 대덕밸리의 형성에 있어서 빠질 수 없
는 부분은 1997년 11월 IMF사태 이후에 본격화된 벤처정
책의 전개이었던 것이다. 그러다 보니 그러한 조건을 모
두 갖춘 지역으로서의 대덕연구단지와 대전지역이 부상하
게 되고 정부의 각종 시책이 대덕연구단지에 집중된 것이
다. 벤처기업 관련 정책의 주요일지는 <표 4-2>와 같다.

⟨표 4-2⟩ '국민의 정부' 벤처기업의 주요일지

일 자	내 용
1996. 2	중소기업청 신설
1996. 7	코스닥 설립(1995. 7. 일본 제2장외시장 개설)
1997. 5	증권거래법 개정으로 스탁옵션제 도입
1997. 8	벤처기업육성에 관한 특별조치법(10년 한시법)제정
1997.11	IMF 사태

---

9) 벤처기업정책에 관한 상세한 내용은 설성수 외(2002), '대덕
  밸리의 형성과 진화'를 참조.

일　자	내　용
1998. 2	'국민의 정부' 출범
1998. 2	중소기업특별위원회 설치
1998. 5	벤처기업육성 종합계획 확정(벤처기업 2만 개 육성)
1998.12	실험실창업지원제도 도입(교수연구원 겸직)
2000. 1	벤처기업육성촉진지구의 지정
2000. 4	벤처기업 조정국면 진입과 닷컴기업 위기설
2000.10	국회가 벤처기업 위기에 직접 개입
2001. 3	기술혁신형 중소기업(이노비즈)사업 시작

자료: 설성수·박정민·서상혁(2002).

　중앙정부는 우선 기존 대덕연구단지를 산·학·연이 협력, 공존하는 벤처밸리로 발전시키는 전략을 선택한다. 드디어 연구와 산업을 동시에 고려하기 시작한 것이다. 이를 위해 산업시설을 흡수할 공간적으로 한계가 있는 대덕연구단지를 벗어나 인근지역으로 확대되는 대덕밸리를 구상하게 되었다. 구체적으로는 대덕연구단지의 기존 연구소나 대학 외에도 인근의 대학, 제1-4산업단지, 과학산업단지, 엑스포과학공원 등을 연결한 종합개발계획을 추진하게 된 것이다.

　벤처기업정책 자체는 중소기업청에서 시작되고, 과학기술부에 의해 대전지역과 대덕밸리를 중심으로 한 정책이 시행되지만, 다른 부처의 역할이 없었던 것은 아니다. 거의 모든 부처가 벤처기업정책을 시행하였다. 정보통신부는 대전지역뿐 아니라 각 지역에 소프트웨어진흥센터를 만들고 이후 지방자치단체에 이관한다. 산업자원부는 각 지방자치단체에 첨단산업진흥을 담당하는 기구를 만들게 하고 소요경비를 매칭펀드 형식으로 제공하였다. 이뿐 아니라 심지어 국세청 등과 같은 중앙부처도 벤처정책에 참여한다.

1998년 5월에 확정된 벤처기업정책의 골격은 <표 4-3>과 같은데, 정책의 핵심은 1998년부터 5년간 2만 개의 벤처기업을 육성하고 40만 개에 달하는 일자리를 창출하겠다는 것이다.

이 중 1만 개는 신규창업, 1만 개는 기존 중소기업을 벤처기업으로 전환하겠다는 것이다. 이를 위해 창업분위기 조성, 자금, 입지, 기술, 인력, 조세 등으로 세분화한 정책이 시도되었다. 그중에서도 특히 벤처기업확인제도, 벤처입지지원, 교수연구원 창업제도, 벤처기업투자 활성화와 코스닥시장 활성화 등의 영향이 커졌다. 여기에 창업기업들을 위한 협동화단지 건설지원, 창업센터 건설지원 등이 대덕연구단지에 더 집중된 것이다.

〈표 4-3〉 '국민의 정부' 벤처기업정책 요약

	세부사항
창 업	-대학생 창업분위기 조성 -창업절차 및 공장설립 대행 -창업보육사업 -벤처기업 인증제도 -창업정보시스템 구축
자 금	-창업투자회사 설립요건 완화 -신기술금융사의 투자비율 확대 -연기금 등 벤처투자 허용 -외국인의 벤처투자제한 완화 -엔젤제도의 도입 -대기업 벤처기업 출자한도 확대
자 금	-주식액면가 인하 -코스닥시장 활성화 -엔젤투자시장 개설 -벤처기업 창업지원자금 신설
입 지	-벤처단지 건립 예외조치 -수도권 벤처창업자의 조세감면 -대전벤처기업창업타운 조성 -구로공단 첨단산업단지 조성 -벤처빌딩 건립
기 술	-기술담보제도 -산업재산권의 현물자산 인정 -정부기관 쥬소기업기술개발지원 의무화
인 력	-교수연구원의 휴직허용 -스락옵선세노 활성화 -병역특례연구요원제도 개선
조 세	-벤처투자자금의 소득공제 -창업자의 각종 인지세 면제 -엔젤투자에 대한 주식양도차액비과세

자료: 설성수·박정민·서상혁(2002).

2) 지방정부

지방정부도 빠르게 변화하는 경제환경에 능동적으로 대처하기 위하여 전통산업의 재활성화, 지역별 차별화 전략, 신규산업발굴로 돌파구 마련, 지역축제 및 이벤트 활성화, 지역 내외 네트워크 구축 등을 새로운 지역활성화 전략으로 제시한다. 그러나 워낙 중앙정부의 정책이 강하게 추진되는데다 예산이나 법제화 등 지방정부의 정책수단이 열악하여 지방정부의 정책이 효과적으로 발휘되지는 못하였다.

대전시는 2002년 12월 대전광역시 첨단산업진흥재단(www. dif.or.kr)을 설립한다. 이 재단은 대전시를 지식기반 첨단산업의 중심도시로 육성하기 위하여 관련시설, 장비 등 인프라 구축을 통한 산업기반을 조성하고, 첨단중소벤처기업의 성장을 지원하기 위해 설립되었다. 이들은 대전시를 세계적인 첨단산업 R&D허브 클러스터로 육성하고 R&D와 산업화가 조화를 이룬 첨단산업 생태계를 조성하려는 비전을 제시한 바 있다.

그러나 지방정부의 독자적인 사업을 위한 예산이 절대 부족하다는 한국의 지방자치단체 일반이 가진 문제점을 대전시가 갖고 있어서 정책 추진력은 대단히 미약하였다. 또한 예산문제가 대단히 큰 제약이었음에도 중점지원 대상으로 선정된 업종이 거의 모든 첨단업종을 망라하고 있어서 정책의 유효성이 나타나기 어려운 상황이었다.

특히 대덕연구단지나 인근 대전시 지역은 과학기술 기반이 강하고 각종 인프라가 강하다는 점에 의해 벤처기업 유치와 운영을 위한 대전시의 행정적인 지원은 대단히 미약하였다. 다른 지방자치단체에서는 최고위층이 직접 나서서 기업을 만나고 행·재정적인 지원을 아끼지 않았음에도 대전시는 다른 지역에 비해 유리한 조건을 가지고 있다는 점이 반영되어 벤처기업의 유치나 지원에 상대적으로 소극적이었다.

지방정부의 정책이 중앙정부의 기대와 반대로 진행되는 부분도 존재한다. 대전시 관할지역으로 첨단산업시설 입주가 계획되던 대덕테크노밸리에 벤처기업이나 첨단기업들이 입주하지 못하게 되고 오랜 기간 빈 공간으로 존재하게 되자 대전시는 이 지역을 대규모 아파트단지로 전환시킨다. 분양이 되지 않아 입주가 되지 않는다는 미명 아래 첨단산업단지가 아파트단지로 변하게 된 것이다. 중앙정부는 과학단지 혹은 과학기술의 활용이라는 문제를 놓고 오랜 시간을 염두에 두고 정책을 펴는 데에 반해 적어도 대덕연구단지와 관련하여서 지방정부는 결코 오랜 시간이 소요되는 정책은 펴지 않는다는 것을 보여주고 있다

할 것이다.

3. 기술이전

정부의 벤처정책과 대덕밸리육성계획은 대덕연구단지와
대덕밸리에 속한 구성원들의 기술개발 패턴에도 크게 영
향을 미쳤다. 연구원 창업이 장려되고, 겸직제도가 허용된
상황에서 교수나 연구원들은 본 업무보다 자신의 창업을
위한 아이템 확보를 위해 더 노력하였다. 대덕연구단지의
주력이었던 공공 연구개발보다 상업화를 위한 연구개발이
더 활성화된 것이다.

기술 위주의 창업기업이 집중된 지역으로 평가되는 대
덕밸리의 기업들이 지속적으로 활동할 수 있는 근거는 기
술적인 내용의 조달이다. 이는 결국 대덕연구단지로부터
의 기술이전이 얼마나 지속적으로 이루어지는가에 달려
있다 해도 과언이 아니다.

대덕연구단지의 연구기관이나 교육기관으로부터의 기술
이전 수단은 크게 네 가지로 구분된다. 하나는 교육연구
기관 소속 연구원들의 창업이고, 두 번째는 이들 기관이
가진 기술의 공식적인 이전, 세 번째는 비공식적인 이동,
마지막은 기술인력의 이동이다.

이 중 2000년대 초반에 가장 활발했던 기술이전은 기술창업이라 평가된다. 이어 기술인력 이동 역시 중요한 기술이전 수단이었다. 외환위기 이후 1998년부터 정부연구기관들은 구조조정에 착수하였다. 초기에는 기술인력보다 비기술인력의 구조조정이 활발하였지만, 벤처붐이 나타나기 시작한 1999년 하반기부터는 기술인력에 의한 창업과 이동이 활발했던 것이다.

기술이전을 장려하기 위한 정책도 여러 형태로 나타났다. 첫째는 기술창업 자체를 독려하는 정책으로 정부연구기관의 연구원들이 자신이 창업할 때 자신의 기술을 무상으로 사용할 수 있도록 허용해준 정책이다. 두 번째는 창업기업들에게 정부연구소의 연구실을 활용할 수 있도록 해준 정책이다. 해당연구소 출신이 창업하거나 이동한 경우 혹은 관련이 깊은 경우 창업기업의 연구진이 해당 연구소에 파견되어 기술적인 연구작업을 할 수 있도록 허용한 것이다. 세 번째는 정부연구소가 보유한 기술의 무상이전이다. 창업기업들이 요청하는 경우 무상으로 이러한 기술을 이전할 수 있도록 하였다.

정부의 이와 같은 정책은 대덕밸리 기업들의 기술적인 능력향상에 실질적으로 크게 기여하였지만 공식적으로는 크게 평가되지 못했다. 기술이전의 과실은 해당기관이나 국

가보다 기술이전에 참여한 사람들에 대한 간접적인 이득의
형태로 나타났기 때문이다. 다시 말해 공식통계로는 크게
잡히지 않았지만 실질적으로는 큰 효과가 있었던 것이다.

<표 4-4>는 전자통신연구원의 특허출원건수표이다. 대
덕연구단지 내에서 가장 많은 창업기업을 배출한 전자통
신연구원의 한 연구조직에서의 특허추이를 3년 이동평균
으로 살펴본 수치는 다음과 같다.

〈표 4-4〉 전자통신연구원의 특허출원건수

연 도	1997	1998	1999	2000	2001	2002	2003
건 수	222	387	433	297	173	137	175

자료: 과학기술부(2005).

<표 4-4>에서와 같이 1997년부터 1999까지 전자통신연
구원의 특허출원건수는 대폭 증가하지만 1999년 이후는
급격히 감소한다. 그리고 다시 2003년부터는 증가한다. 이
추세는 바로 이 시기 벤처붐을 보여주는 지표이기도 하
다. 1999년부터 벤처기업과 이들의 주식시장 상장이 큰
이슈가 되었고, 이 열기는 2001년 정도부터 하강세로 돌
아서고 2003년에는 외환위기 이전의 상황까지는 못 되어
도 연구기관 입장에서는 안정적인 시기라 평가된다. 바로
그 추세가 통계에 그대로 나타나고 있는 것이다. 그만큼

연구기관의 공공목적보다 자신들의 창업아이템을 찾고자
하는 노력이 컸던 것이다.

4. 벤처기업의 급격한 확대

대덕밸리 벤처기업은 <표 4-5>와 같이 증가하였다. 벤
처기업 확인제도가 시작된 1998년에 대전지역에는 30여 개
의 확인 벤처기업을 포함한 250개의 벤처기업이 있었다고
추산되며, 2001년에는 각각 503개와 776개로 증가되었다고
발표된다. 또한 현재는 약 1,000개의 벤처기업이 있는 것으
로 파악된다. 벤처정책이 본격화된 이후 대단한 추이로 증
가하여 이 추세가 대덕밸리를 형성했다 해도 과언이 아니다.

〈표 4-5〉 대덕밸리의 벤처기업 추세

		추 산			통 계		추 산
		1998	1999	2000	2001	2002.6	2002.6
계		250	300	500	776	825	약 1,000
	증감		(50)	(200)	(276)	(49)	
확인기업		30	170	340	503	445	
	증감		(120)	(170)	(163)	(−58)	
미확인기업		220	130	160	273	380	555
코스닥 등록기업				2	5	7	

자료: 설성수·박정민·서상혁(2002)

대덕밸리 벤처기업은 크게 세 흐름에서 나타난다. 하나는 대덕밸리의 연구기관과 대학에서 파생된 기업들이며, 다른 하나는 출신이 불분명한 기술창업 기업, 세 번째는 외지에서 대덕밸리의 이점을 보고 전입해온 기업들이다. 벤처기업은 ① 신기술기반, ② 독립된, ③ 역사가 짧은 신생, ④ 중소기업이다. 그리고 표면화되지 않은 사항은 벤처기업은 모험정신에 입각한 기업이라는 것이다. 대덕밸리에 최초 벤처기업이라면 대덕밸리의 기술을 가지고 상기 조건을 충족시키는 최초 벤처기업이라는 의미이다. 그러므로 최초의 기업은 대전지역의 대학이나 대덕연구단지에서 파생된 기업이 된다(설성수·박정민·서상혁, 2002).

2001년 대덕연구단지에는 대덕밸리 22개 창업보육센터 중 15개 센터, 10개 협동화 단지 중 4개, 12개 벤처집적시설 중 4개가 있다. 사실상 대덕연구단지가 대덕밸리의 실질적인 주역인 것이다. <표 4-6>은 대덕연구단지 입주기관 수 및 인원수에 대한 현황이다.

〈표 4-6〉 대덕연구단지 입주기관 유형별 현황(2001)

유 형	기관 수	인 원 수			평균 인원
		공식인원	추가	실제	
정부연구기관	28	8,925	4,500	13,425	479
고등교육기관	4	2,319	5,900	8,219	2,054
대기업부설연구기관	27	3,297		3,297	122
공공/지원기관	13	459		459	35
소 계	72	15,000	10,400	25,400	-
독립 벤처기업	44	899			20.4
15개 보육센터 입주기업	367	3,163			8.6
시설지외 벤처기업	19	163			-
소 계	430	4,225		4,225	-
계	502	19,225		29,625	

자료: 설성수·박정민·서상혁(2002).

1997년 대덕연구단지의 창업기업이 불과 60여 개에 불과했던 상황에서 2001년에는 창업기업만 430개에 이르는 대변신이 이루어진 것이다. 2002년 말 대전지역 업종별 벤처기업현황은 <표 4-7>과 같다. 즉 업종별로 볼 때 정보통신 관련기업이 369개로서 전체의 45.5%를, 생명화학 관련기업이 164개로서 전체의 20.2%를 차지하는 등 한국 내 어느 지역보다 첨단기술력에 바탕을 둔 하이테크 제조 벤처중심의 벤처밸리를 형성한다. 이런 점을 감안할 때 대전시의 향후 선도산업은 벤처기업이 담당하는 첨단산업을 중심으로 형성되어야 한다.

〈표 4-7〉 업종별 벤처기업 현황(2002년 말)

계	정보·통신	환경·기계	생명·화학	연구개발 기술서비스	기 타
811	369	125	164	68	85
100%	45.5%	15.4%	20.2%	8.4%	10.5%

자료: 황혜란 외(2005).

　1999년 이후 대전지역으로 입주해온 벤처기업은 약 90개사로 추정되는데 그중 약 70%는 수도권에서 옮겨왔고 충청권 18%, 기타 지역이 12%를 차지했다.10) 전입기업은 대덕연구단지로부터 기술력을 확보하기 위한 기업, 창업보육센터 이후 입지를 위한 기업 그리고 대덕밸리의 특성화 업종을 찾아오는 경우로 구분된다. 한편 업종에 있어서는 정보통신과 바이오에 특히 집중되어 있다.

　대덕밸리의 업종 집적에 매료되어 오는 기업 중에는 상당히 우수한 기업들도 포함되어 있다. 구체적인 전입 이유는 첫째, 대덕밸리에 포스트 TBI 시설이나 공간이 비교적 풍부하고 상대적으로 저렴하다. 둘째, 서울지역은 임대료가 비싸 2001년부터 이탈이 시작되었다. 셋째, 전자통신

---

10) 한국경제신문, 2002. 3. 9.

연구원, KAIST 등에서 우수 인력을 쉽게 확보할 수 있다는 장점이 있다. 넷째, 각 연구기관의 기술력을 활용하거나 이들의 고가 연구장비를 무료로 활용할 수 있다. 다섯째, 연구단지와 연구단지 인근지역은 통신 등 인프라가 안정적이고, 벤처지원 등 시설이 우수하다는 이점이 크다.

제2절 대덕밸리의 발전

1. 벤처기업 열풍의 소멸

2002년 초 1,000여 개까지 육박했던 벤처기업이 불과 1-2년 후에는 1/3이 소멸되고, 1/3이 기능정지[11]되어 가동되는 벤처기업은 1/3 이하라 평가되었다. 벤처기업이 성숙된 기업으로 성장하는 확률은 원래 낮지만 불과 2-3년 사이에 2/3 정도의 벤처기업이 소멸되거나 기능정지된 것은 나름대로의 이유가 있다고 판단된다.

---

11) 등록된 기업이 완전히 해산하려면 주주들의 완전한 동의가 없다면 최소 1.5년이 소요되고, 경영자는 주주뿐 아니라 주변 거래기업 나아가 자본조달에 참여한 여러 주변인들에 대한 개인적인 책임까지 부담해야 한다. 그에 따라 실질적으로 기능이 정지된 기업이 서류상으로 존재하는 것이다.

대덕연구단지는 많은 교육기관 그리고 전국에서 순위를 다투는 우수한 대학, 전국 과학자의 25% 정도의 소재 등 기술관련 인프라기능은 어느 지역보다 우수하다. 그리고 이들 교육연구기관이 가진 창업보육이나 기술이전 및 사업화지원 기능 역시 다른 지역보다 우수하다. 즉 대덕밸리에는 중소벤처정책, 과학기술, 기술개발지원, 인력, 정보제공 등 정부기관은 다른 지역에 비해 많다.

그러나 금융이나 시장관련 기관은 상대적으로 부족하다. 대전지역 벤처기업의 수는 높은 비중을 차지할 정도로 지속적으로 늘어나면서 자금수요가 급증하고 있는 반면 이들 벤처기업에 충분한 자금을 지원할 수 있는 벤처캐피탈회사(VC) 등이 발달하지 못해 원활한 자금공급이 저해받고 있다. 즉 은행, 신용보증기관 및 엔젤클럽 등 초기단계에서 필요한 소액자금 조달창구는 어느 정도 구비되어 있으나 제품화, 시장개척 등 성장단계로 접어들어 대규모자금이 필요한 경우의 조달창구인 신기술사업금융회사, 창업투자회사, 창업투자조합 등 벤처캐피탈은 매우 부족하다.

한편 대전지역이나 인근지역은 상업적으로 발달한 지역이 아니다. 그렇다고 제조업이 활발한 지역도 아니다. 이에 따라 제조업중심의 대덕밸리의 창업기업들에게 필요한 시장은 수도권이나 전국에 산재된 형태이다. 이 지역 기업들에게는 그만큼 시장에 대한 정보가 부족하고, 시장을 이해할 기회가 부족한 것이다.

이 시기 벤처정책은 분명 창업할 수 있는 충분한 여건을 제공하여 기업가 정신을 자극하고, 실제 창업이 이루어지도록 하였다. 그리고 정책의 내용에는 큰 변화가 없었다. 그럼에도 벤저기업이 납격히 감소하는 사태가 발생한 것이다. 이는 경기불황과 같은 경제적인 요인보다 기업 내적인 원인이 더 크다고 평가된다. 다시 말해 창업기업이 성공하기 위한 내부조건의 부재, 기업가 정신의 부재에 더 큰 원인이 있는 것이다.

2. 벤처열풍 소멸의 기업 내적인 원인

본 논의에서는 기업 내적인 원인을 기술, 인력과 조직, 자본, 마케팅, 경영능력으로 구분하여 검토하려 한다.[12)]

1) 기술 측면의 원인

기술 측면에서는 대다수의 기업들이 초기단계 기술을

---

12) 설성수 외, 기술·기업가치평가 교육교재, 기업·기술가치평가협회, 2004.

사업화 아이템으로 설정하였다고 평가된다.[13] 기술완성도를 9단계로 보자면 선진국의 창업기업은 최소 6-7단계 이후에서 창업을 시작한 데 반해 이 시기의 벤처기업들은 심지어 2-3단계에서도 창업을 시작한 것이다. 또한 응용력이 큰 기술제품이 아니라면 제품군 소위 제품의 구색이 형성되지 못한 것도 이 시기 기업이 가진 기술력의 한계라 평가된다.

2) 인력 및 조직측면의 원인

인력이나 조직 측면에서도 많은 한계가 노출된다. 창업기업의 인력은 항상 적은 인력으로 많은 업무를 수행하는 것이 일반적인 현상이지만 이 시기 창업기업들의 인력이 지나치게 기술 위주로 구성되어 있다는 한계가 있다. 기술완성도가 낮은 기술에 시장을 아는 인력이 없거나 적다는 치명적인 약점이 존재했던 것이다.

---

13) 미 국방성의 Technology Readiness Level은 모두 9단계이다. 한편 기업·기술가치평가협회는 기술완성도를 최소한 6단계 이상 구분하여야 한다고 가르친다. 아이디어의 형성에서 사업적인 활용까지를 최소한 6단계에서 9단계로 구분하는 것이다.

3) 자본 측면의 원인

자본 측면에서는 창업자의 자기자본보다 외부조달이 컸다. 정책에 의한 정책자금, 기성 금융시장에서의 조달, 일반인들의 참여 등 가능한 자본조달시장은 모두 가동하였다. 기성 금융시장의 조달보다 비금융권에서의 조달이 훨씬 컸다고 평가된다. 그러나 자기자본이 너무 부족한 점, 매출이 없거나 너무 부족한 점 등으로 인해 사업화 최종단계에서 필요한 재원을 조달하지 못해 도산한 창업기업들도 많았다. 이는 너무 초기기술을 사업화 아이템으로 선정한 것과도 연계된 문제이다.

4) 마케팅 측면의 원인

마케팅, 즉 시장과의 관계 역시 가장 부족했던 부분이다. 시장까지의 거리가 너무 멀어 시장준비를 못 했다는 측면도 있지만, 시장을 전담하는 인력도 없었고, 시장이나 경영에 대한 이해도 없었다.

5) 경영능력의 원인

경영능력 역시 크게 미진한 부분이다. 기술자들에 의해

서 창업한 대부분 중에 대덕밸리에서 경영능력을 제대로
갖춘 경영자는 거의 없었기 때문이다. 경영에 대한 이해
가 전혀 없이 출발한 관계라 '경영은 기술만 좋으면 해결
된다.'라는 인식이 태반이었다. 이러한 요인이 결국 복합
적으로 작용하여 대덕밸리에서의 창업 붐이 흔들리는 요
인이 되었다.

제3절 2단계 진화의 종합평가

1. 대덕의 2단계 진화

2단계 진화과정을 요약하면 연구단지의 창업추세가 외
부적 환경과 내부적 요구에 의하여 폭발적으로 증가한 시
기라 할 수 있다. 대덕밸리는 공간의 크기에 따라 핵심지
역으로서 대덕연구단지, 성장축으로 대덕연구단지 인근의
대전북부지역, 전체 지역으로서의 대전시, 영향권으로서의
중부지역으로 구분된다. 그러기에 벤처기업의 역사 역시
대덕연구단지에서 출발하고 현재의 대덕밸리도 대덕연구
단지를 제외하고는 언급될 수 없다.

대덕밸리는 대덕연구단지를 기반으로 하는 기술, 1997

년 11월에 발생한 IMF사태로 인한 대형구조조정으로 발생한 인력, 나아가 국민의 정부가 추진한 벤처기업정책에 의해 형성된 것이다. 즉 대덕연구단지가 없었다면 대덕밸리는 형성될 수 없었고 구조조정이 없었다면 인적인 공급이 충분하지 못했을 것이다(설성수·박정민·서상혁, 2002). 대덕연구단지라는 기반과 대형 구조조정으로 인한 유휴인력의 발생이라는 현상만 보고 대덕밸리를 자생적인 벤처기업 집적지라 부르기도 한다(윤창국, 2003). 그러나 국민의 정부 벤처기업정책이 없었더라면 1998년 60여 개의 벤처기업이 2002년에 1,000여 개로 확대될 수 없었다. 따라서 대덕밸리는 자생적으로 형성된 벤처밸리라 할 수 없다. IMF 외환사태의 발생과 이를 극복하기 위한 정부의 벤처정책에 따라 대덕연구단지 내에서의 창업은 우후죽순처럼 생겼다. 그러나 지속적으로 발전하기에는 여러 측면에서 한계가 있었다. 기술적인 측면에서는 지나친 초기기술중심과 산업화가 가능한 기술의 결여라는 현상이 존재하였다. 인력과 조직 측면에서는 지나치게 기술중심적인 인력중심이었다는 한계가 있었고 그로 인해 시장에 대한 이해나 시장을 이해하기 어려웠다. 자본 측면에서는 자기자본 조달비중이 적어 실질적으로 사업화 투자가 필요한 시기에는 운용의 한계로 드러났다.

결과적으로 한때 1,000여 개 이상이 존재하였던 대덕밸리의 벤처기업 중 실질적으로 활동하고 있는 기업은 불과 300여 개로 축소되고 300여 개는 서류상으로만 존재하는 기업들이 되었다. 이에 따라 어떠한 형태로든 시장을 도입시키고 산업적인 기능을 추가해야 하며, 지속적인 기술이전을 가능하게 하는 대덕밸리의 형성이 정책적인 과제가 되었다. 대덕밸리 지정 수년 만에 다시 대덕밸리를 수정해야 하는 정책적인 과제가 형성된 것이다. 이러한 과제는 결국 대덕R&D특구라는 형태로 발전한다.

2. 2단계 진화의 결과

대덕연구단지가 대덕밸리로 진화되는 과정의 주요 통계는 <표 4 - 8>와 같다. 벤처기업이 입주하기 시작하며 기관 수가 1998년 62개에서 2004년 255개로 확대되었다. 관련 인력도 연구원 15,000여 명에 연구지원인력 7,000여 명을 포함하여 22,000여 명에 달한다. 관련 기관이나 인력은 엄청 늘었는데, 증가 부분의 실질적인 운영이나 내부 실상은 감내하기 어려울 정도의 상황이었던 것이다. 특히 2001년 말 350여 개에 달했던 대덕연구단지 벤처기업은 <표 4 - 8>에서와 같이 2004년 말에는 172개로 축소되었다. 이러한 현상이 대덕R&D특구의 출발을 가져온 것이다.

〈표 4-8〉 2단계 대덕의 주요통계

구 분	년 도	1997	1998	1999	2000	2001	2002	2003	2004
기관수	기관수	58	62	70	105	116	204	247	255
연구/ 연구 지원 인력	박사	3,837	3,816	4,014	4,214	4,455	4,742	5,005	5,806
	석사	4,707	4,371	4,466	4,606	4,916	5,144	5,466	6,625
	학사이하	1,625	1,415	1,226	1,254	1,343	1,782	1,997	2,862
	연구원계	10,169	9,602	9,706	10,074	10,714	11,668	12,468	15,293
	연구보조	6,554	1,258	1,321	1,489	1,438	1,696	1,824	2,371
	관리직원		3,467	3,417	3,350	3,747	4,162	4,591	4,731
	계	16,723	14,327	14,444	14,913	15,899	17,526	18,883	22,395
창업보육 센터	보육센터	-	1	8	16	18	18	17	18
	보육기업	-	140	261	350	371	310	281	287
	인원(명)	-	893	1,909	2,523	3,306	2,943	2,273	2,601
	시설규모 (m²)	-	28,522	28,522	40,360	39,658	32,699	32,160	32,542
외국인과 학자	(명)		-	95	85	124	161	228	252

자료: 과학기술부(2005).
주: 창업보육센터는 연구단지와 인근지역인 대덕밸리 이외 지역도 포함.

대덕R&D특구를 기획하며 분석한 대덕연구단지의 SWOT 분석 결과는 <표 4-9>와 갇다. 즉 자본이나 시장과 관련된 부분에서 약점이나 위협요인이 크게 작용하고 있다는 것을 지적하고 있다.

〈표 4 - 9〉 대덕연구단지의 SWOT분석표

강 점 (S)	- 역사성: 축적된 R&D 결과물의 비교우위 - 국내외 인지도(Brand Power): 국내 최대, 국제적 위상의 R&D 클러스터 및 국내 유일의 공인 R&D 및 벤처 집적지 - 연구단지의 기술적 우위성: 첨단기술의 핵심원천기술 보유 및 최 상위권의 특허 출원률 - 중진국 수준의 인프라 구축: 국내 최대의 R&D 인프라 보유 - 차세대 융합기술 능력 보유: Fusion Technology (IT+BT+NT) - 지역클러스터 형성(co - location)의 이점: 신기술 정보공유 용이 및 R&D 인적 네트워크 활성화 - 벤처기업의 기술 경쟁력: 기술력에 기초한 제조업 벤처중심(70%)
약 점 (W)	- 외생적 지역발전: 자생력 결여, 지속적인 외부지원 필요 - 상호교류 및 연계성 부족: 연구소, 기업 간 협력 네트워크 활용 미흡 - 연구성과 실용화(산업화)미흡: 경영 및 마케팅 능력 부족 - 지역경제 간의 연계성 미흡 - 벤처캐피탈 취약 및 벤처기업의 규모 영세 - 지역인력 활용도 부족 - 국제적 연구기관 및 기업 유치 전무
기 회 (O)	- 국제적인 인지도 - 지역적 확대가능성(대전, 충남/북, 전북지역) - 타 클러스터와의 연계가능성 - 기술 기반 경쟁력이 경제성장을 선도하는 추세 - 신교통망 확충: 경부/호남고속철도, 대전 - 당진 간 고속도로 - 참여정부의 국가균형 정책: 수도권에 대한 경쟁력 회복
위 협 (T)	- 우수인력/벤처기업 지역이탈현상: 수도권으로의 전출 - 벤처캐피탈 지역 이탈: 자금부족 - 경기침체와 벤처기업의 거품붕괴 현상 - 정부출연연구기관의 현행 연구비 수주제도 운영상의 문제점 - 타 지역과의 경쟁 강화: 송도 IT 경제특구 등

자료: 과학기술부/ 대전광역시(2004).

선진국과 한국의 기술시장사업개발 차이는 <그림 4-1>과 같다. 즉 선진국의 기술사업화는 기술개발, 시장개발, 사업개발이 동시에 추진된다. 반대로 한국은 기술개발이 독립적으로 이루어지고 시장정보, 사업개발전략이 통합되지 않은 상태로 프로젝트가 추진되어 사업화 성공률이 낮다. 선진국과의 차이점을 통해 한국은 선진국의 기술시장사업개발을 벤치마킹할 필요가 있다.

〈그림 4-1〉 선진국과 한국의 기술시장사업개발 차이

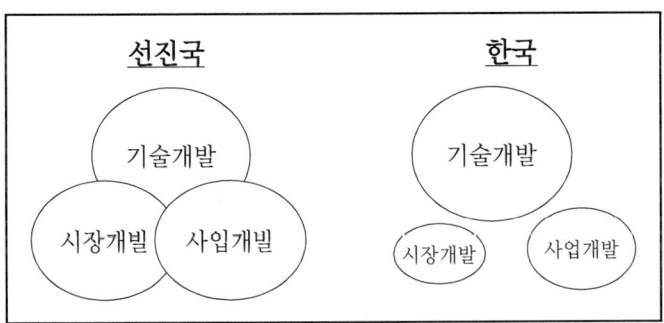

자료: 황혜란 외(2005).

제 5 장
3단계 진화
─ 대덕R&D특구의 형성

제1절 대덕R&D특구의 형성배경

1. 조성배경

벤처기업 침체의 가장 직접적인 이유로 설성수 · 박정민 · 서상혁(2002)은 코스닥시장의 붕괴를 들고 있다. 벤처열풍이 소멸된 여러 이유가 있겠지만 가장 직접적인 원인은 코스닥시장의 붕괴와 이로 인해 벤처기업은 황금을 낳는 거위라는 인식이 소멸된 것이다.

"코스닥시장은 1999년 초까지 약세장이었으나 1999년 3월 지수 79를 바닥으로 급상승하여 2000년 2월에는 월말기준 최고지수 266을 기록하였고, 만 1년 만에 시장지수가 3.37배 올랐다. 그런데 코스닥이 최고점에 도달하자마자 하락하기 시작해 동년 12월에는 52.58이 되었다. 특히 닷컴기업의 주가는 2002년 3-4월 들어서며 폭락하기 시작하였다. 이에 따라 투자시장이 급격히 축소되었고, 투자자로부터 충분한 자금을 확보하지 못한 벤처기업들은 도산하는 사례가 증가하였다. 이 여파가 대덕밸리에서도 동일하게 나타났다."(설성수 · 박정민 · 서상혁, 2002)

코스닥에서의 벤처기업 주가하락은 여러 이유로 설명된

다. 앞서 지적한 바와 같이 성숙되지 못한 기술의 사업화가 추진되었다는 점, 자본조달이 지나치게 직접시장 의존이라는 점, 인력이나 조직의 문제점, 마케팅 능력 부재 등이 그것이다. 그러나 가장 중요한 원인은 역시 매출이 일어나지 않는다는 점이고, 매출이 어느 정도 이루어져도 수익이 발생하지 않는다는 점이다. 시장친화적인 기능이 너무도 부족했던 것이다.

정부정책이 이러한 부분을 보완할 수도 있었지 않느냐는 반론도 간혹 존재한다. 사실 참여정부는 2003년 이전의 국민의 정부 시절의 벤처정책이 가진 한계와 부작용을 경험하며 벤처정책에 대한 큰 관심을 보이지 않았다. 벤처기업에 대한 투자금(펀드를 통한 간접투자)이나 정부기관에 의한 신용보증 대환 등이 큰 문제로 부각된데다, 벤처기업의 직접자본시장 역할을 해온 코스닥시장의 붕괴에 가까운 현상에 대한 묘안이 거의 없었던 것이다. 그렇다 할지라도 벤처기업의 매출발생이나 수익제고를 위한 직접적인 정책을 정부가 시도할 수는 없다. 그렇기 때문에 정부요인보다 시장요인이나 기업 내적인 요인이 더 큰 원인으로 제기되는 것이다.

어떻든 붕괴에 가까운 침체로 인해 경제적인 문제뿐 아니라 정치사회적인 문제로까지 이어졌다. 벤처기업의 심각한 도산으로 인해 벤처기업에 투자한 개인이나 기업의 손실이 있었고, 그만큼 보이지 않는 사회적인 동요로도 이어졌다. 그러나 당장 벤처기업 자체의 소멸과 그로 인한 지역경제의 영향이 컸기에 무언가의 대책을 강구할 수밖에 없었다. 결국 교육연구기능에 산업기능이나 시장기능을 추가하고자 하는 새로운 형태의 시도가 요구되었다. 이러한 노력이 바로 2005년 대덕R&D특구법이라 할 것이다.

한편 참여정부는 2004년부터 국가혁신시스템(NIS) 및 지역혁신시스템(RIS) 구축사업을 대대적으로 시행하였다. 과학기술혁신정책을 시스템적으로 접근하기 위한 것이었다. 이렇게 되자 대덕연구단지와 대덕밸리는 다시 한 번 국가 혁신시스템상에서 나아가 지역혁신시스템상에서 중요한 위치로 부각되었고, 그에 따라 새로운 형태의 접근이 이루어졌다. 따라서 2004년 3월 '대덕R&D특구 육성'에 관한 정부방침[14])이 결정된 것이다.[15])

---

14) '대덕R&D특구 등의 육성에 관한 특별법'은 2005년 1월 27일에 공포됨.

15) 혹자는 대덕R&D특구의 출발이 지역정치인들의 정치적인 산물이라 주장하기도 한다. 그러나 그러한 부분이 존재했다 할지라도 대덕밸리 내에 상존해 있던 문제를 어떠한 형식으로는 해결해야 하는 정책적인 과제가 있었던 상황이라 본 연구는 대덕R&D특구의 출현은 대덕연구단지나 대덕밸리에 내새된 요인을 극복하기 위한 자연스러운 진화로 본다.

2. 개요

대덕R&D특구법에서 규정한 R&D특구는 "연구개발을 통한 신기술의 창출 및 연구개발 성과의 확산과 사업화 촉진을 위하여 조성된 지역"이다. 사업화 촉진이란 사업화 대상기술의 생산까지를 포함한다. 이 특구지역도 대덕 연구단지와 마찬가지로 용지의 매매, 입주 등은 모두 규정에 입각하여야 하고 허가대상이다.

범위는 대덕밸리지역인 대덕연구단지 840만 평, 대덕테크노밸리 128만 평, 대전 3/4산업단지 95만 평에 인근지역을 포함하여 총 2,130만 평에 달한다. 공간적으로 볼 때 840만 평의 연구단지가 대덕밸리가 되며 1,064만 평으로 확대되었고, 다시 대덕R&D특구가 되며 2,130만 평이 된 것이다.

〈표 5-1〉 대덕특구의 공간확대

명 칭	면 적	추가지역	기 능
대덕연구단지	840만 평		연구교육
대덕밸리	1,064만 평	대덕테크노밸리, 3/4산업단지	연구교육/실용화
대덕R&D특구	2,130만 평	인근지역	연구교육/사업화

대덕R&D특구는 과학기술부 내에 국장급의 대덕R&D특구 기획단이 설치되어 있고, 특구 내에 별도의 지원(www.dasto.or.kr)을 설치해 운영한다. 과거 대덕연구단지 시절에도 연구단지관리본부가 있었지만 이제 대상지역이 대덕연구단지 이외 지역으로 커지면서 새로운 관리조직이 출현한 것이다.

제2절 중앙정부의 정책과 역할

1. 중앙정부의 역할

이전과 마찬가지로 대덕특구의 형성과 관련한 중앙정부의 역할이 거의 전부라 해도 과언이 아니다. 특구를 형성하기 위한 법적인 근거 마련, 예산확보, 각종 사용제한에 걸린 토지들의 교육연구사업용 부지로의 전환, 부지조성, 관련 인프라 구축 등 모든 면에서 중앙정부의 노력이 우선적으로 작용한다. 기본적으로 대덕특구는 중앙정부의 기획과 의도에 의해 출현한 것이지 지방정부의 의도가 반영된 것이 아니기 때문이다.

그럼에도 중앙정부는 과거와 다른 패턴으로 특구를 형

성한다. 적어도 특구 육성계획 작성에 있어서 대전시와 공동으로 육성계획을 수립했다는 점이다. 이는 지방자치의 실현으로 지방정부를 무시하고 진행할 수 없다는 점도 중요한 원인이지만, 지방정부의 역할 없이 지역단위에서의 혁신 노력이 성공할 수 없다는 인식에도 원인이 있다.

대덕연구개발특구를 육성하기 위한 정부의 기본방향은 크게 셋으로 압축된다. 하나는 연구개발 집적지를 혁신클러스터로 전환 육성하여 국가혁신체제를 동시에 발전시키는 것이며, 둘째는 연구개발 - 사업화 - 재투자의 선순환구조를 형성하는 것이다. 세 번째로 운용방향은 타 지역과의 연계를 발전시켜 시설 등 H/W지원은 최소화하고 S/W적인 지원에 집중하는 것이다.

기본방향을 통해서도 알 수 있지만 과거와 다른 가장 큰 특징은 사업개념이 크게 추가되고 있다는 점이다. 대덕밸리 시절과는 달리 산업화지역이 포함되고, 사업화능력을 배양하기 위한 각종 조치들이 추가될 예정으로 되어 있다. 대덕연구단지가 대덕밸리가 되며 실용화지역이 교육연구지역에 추가된 바 있다. 그런데 이 실용화지역은 대단히 제한된 산업화만 허용한 것이라 본격적으로 산업지역을 추가한 것이다. 또한 부지 정도가 아니라 실제 사업화과정에서 필요한 역량을 강화시키기 위한 많은 사업이 추가된 것이다.

두 번째는 대덕R&D특구에 연구소기업의 설립이 가능해 졌다는 점이다. 정부연구기관 자체가 자체개발 기술을 가지고 기업을 만들 수 있게 된 것이다. 또한 참여지분 20% 도 연구소기업으로 가능하게 되었다.16) 기술창출기관이 직접 기업을 만들 수 있게 되는 것도 상황변화에 따른 진화의 한 현상이라 할 것이다.

세 번째 특징은 외국인 기업이나 연구소의 적극적인 유치 의지이다. 대덕밸리에는, 특히 대덕연구단지에 외국인 과학자의 수가 수백 명에 달할 정도가 되며 외국인 기업이나 연구소의 유치에 착안하게 되었다.

2. 추진사업

대덕R&D특구를 육성하기 위한 중앙정부의 주요한 사업 내용은 연구성과의 사업화 추진, 벤처 생태계의 조성, 글로

---

16) 한국에서 처음으로 설립된 '연구소형기업' Sunbiotech는 2004 년 2월에 설립되었다. Sunbiotech는 한국원자력연구소가 소유한 방사선사용기술(RT)을 이용하여 기술가치평가를 거쳐 그 가치를 인정받고 설립되었는데 그 기술가치는 전체 주식의 38%를 점했다. 그 외 항임치료식품과 화장품생산 기술도 인정을 받았는데 그 기술의 가치는 3억 8천만 원에 해당된다고 한다(www.helodd.com 2006. 5. 27.).

벌 환경 구축, 타 지역과의 연계 및 성과의 확산 등으로
요약할 수 있다. 구체적인 추진과제는 <표 5-2>와 같다.

〈표 5-2〉 대덕R&D특구 육성을 위한 중앙정부의 추진전략 및 과제

	추진전략	추진과제
연구성과의 사업화추진 사업	1. 기술사업화 역량 강화	기관별 기술이전조직(TLO) 운영의 활성화
		기술사업화 종합지원조직 설치·운영
		기술사업화 지원기관 간 연계강화
	2. 기술평가 및 거래 활성화	특구전담 기술평가기관 지정·운영
		첨단기술거래시장 활성화
		지적재산권 취득 및 관리 지원
	3. 공공연구 성 과의 사업화 촉진	연구소기업 설립·육성
		사업화 지원인력에 대한 인센티브 강화
		특구연구개발사업의 추진
벤처생태계 조성사업	1. 선도기업 육 성 및 첨단 기술의 공급	타 지역 클러스터와의 연계강화
		타 지역과의 기술 분야별 연구모임 운영지원
		특구 정보체계 및 활용시스템 구축
		연구개발특구의 운영 모델제시
		첨단기업의 지원·육성
		벤처창업의 촉진
		선도 허브기업의 유치
		첨단기술 테스트베드(Test-Bed)구축
		대덕 CONNECT 프로그램의 운영
		기술 분야별 전문클러스터 육성
		특구 통합 정보네트워크 구축
		커뮤니티 존(Community Zone)건설

	추진전략	추진과제
벤처생태계 조성사업	2. 기술금융화 활성화	대덕 벤처투자펀드 조성·운영
		특구 연계금융 활성화
	3. 입주용지 및 시설 확충	기업 입주용지 확충
		창업보육 시설의 확충 및 내실화
		전문기술 분야별 집적시설 건립
		시제품 시험·생산시설 구축
	4. 전문인력양성	인력수급 지표의 개발·활용
		수요지향적 인력양성 시스템 구축
		우수 연구인력 확보 지원
		인력의 유동성 제고
		사업화 및 기술경영 전문인력 양성
	5. 전방위 마케팅 및 경영서비스 지원	특구 마케팅 전담기관 지정·운영
		해외 마케팅 활동 지원
		입주기업의 마케팅능력 제고 지원
		고품질 경영서비스 제공
글로벌환경 구축사업	1. 외국기업 사업 환경 조성	외국인 투자기업을 위한 전용단지 조성
		외국인 투자기업에 대한 인력 및 세제 지원
		외국인 기업의 애로해소 지원 옴부즈만 운영
		외국기업 유치전담기구 설치
	2. 외국인 정주여건 개선	외국인학교 확충 및 신설
		외국인을 위한 의료서비스 체계 개선
		외국인 주거편의시설의 확충
		외국인 생활편의 One-Step Service 기구 운영
	3. 글로벌 네트워크 구축	글로벌 비즈니스 허브 공간 운영
		특구의 국제 홍보 및 해외 교류 프로그램 운영
		특구 해외 협력사무소 설치

	추진전략	추진과제
글로벌환경 구축사업	4. 생활문화 인 프라 구축	영·유아 보육센터 설립 및 지원
		과학영재학교 지정·육성
		체육문화시설의 확충
		환경친화적 교통시스템 구축
		다채로운 과학문화 행사 개최
타 지역연계 및 성과확산	타 지역과 연계 및 성과확산	타 지역 클러스터와의 연계강화
		타 지역과의 기술 분야별 연구모임 운영지원
		특구 정보체계 및 활용시스템 구축
		연구개발특구의 운영 모델제시

자료: 과학기술부(2005).

사업화 추진이 가장 중요한 사업으로 설정되어 있어서 대덕밸리 시절의 문제점을 극복하기 위한 시도를 엿볼 수 있다. 또한 글로벌 환경의 구축 역시 중요한 변화이다. 추진사업만 보면 앞서 언급한 바와 같은 산업화지역 추가라는 문제가 보이지 않을 수 있다. 그러나 산업화지역, 보다 직접적으로는 공장들이 들어설 지역이 새로이 추가되어 있는 것이다.17)

---

17) 일부 창업기업이나, 전통 중소제조업들은 성장이 지속되면 대덕밸리를 떠나야 했다. 협의의 대덕밸리가 생산시설을 소화하지 못했기 때문이다. 생산시설을 흡수할 용지가 전혀 없었던 것은 아니지만 대도시에 속한 지역이라 공장부지 가격이 인근의 대안지역보다 비쌌다. 대덕밸리에 있는 한국토지공사에서 조성한 부지는 아무리 싸게 분양해도 평당 70만 원

3. 기술사업화 기반구축

대덕밸리가 가진 문제점 중의 하나가 지속적인 산업화 기술의 공급이었다. 이로 인해 공공부문에서의 지원은 기술이전 전담조직을 만들고 이들을 네트워크화하는 것이었다. 대덕연구단지의 정부연구소들은 각 기관별로 <표 5-3>과 같이 기술이전조직을 설치·운영하고 있다. 이들은 적게는 1명 많게는 40여 명에 달하는 전문 기술이전 요원을 보유하고 있다.

〈표 5-3〉 주요 출연(연) 기술이전·사업화 전문인력 보유현황

기관명	조 직	인원 (명)	전문자격취득자	기술이전 (건)	기술료 (백만 원)
한국표준과학연구원	기술이전그룹	5	2(기술거래사 외)	17	144
한국화학연구원	기술마케팅실	9	2(기술거래사 외)	24	645
한국에너지기술연구원	기술이전연구	5	3(기술거래사 외)	26	1,430
한국전자통신연구원	IT기술이전본부	39	15(기술거래사 외)	166	7,100
한국지질자원연구원	평가성과확산과	4	2(기술거래심화과정)	12	577

선이었지만, 도시 외곽의 촌락지역은 30만 원이면 조성이 가능하였다. 또한 대규모 공장을 흡수할 정도의 부지는 없었다. 그런데 이 문제를 정부가 특구지역을 확대하며 해소시켜 줄 수 있게 한 것이나. 또한 특구지역에 입주한 기업들에 대한 세제상의 지원이나 행정지원 등이 포함되어 부지가격에서의 약섬이 해소될 수 있는 정도이었다.

기관명	조 직	인원 (명)	전문자격취득자	기술 이전 (건)	기술료 (백만 원)
한국생명공학연구원	성과확산팀	4	1(기술거래사)	8	488
한국과학기술정보연구원	산업정보분석실	15	8(기술거래사 외)	3	4.5
한국과학기술원	기술이전교류센터	7	4(기술거래사 외)	15	530

자료: 대덕전문연구단지관리본부(2005).

따라서 이들을 새롭게 네트워크화한 노력이 추가되어 <표 5 - 4>와 같이 기술이전컨소시엄이 구성되어 있다.

〈표 5 - 4〉 대덕밸리 공공기술이전컨소시엄 구성 현황(22개 기관)

구 분	참여기관
출연(연) (11개)	한국전자통신(연), 한국항공우주(연), 한국생명공학(연), 한국전기(연), 한국지질자원(연), 한국기계(연), 한국원자력(연), 한국에너지기술(연), 한국표준과학(연), 한국기초과학지원(연)
대학(5개)	한국과학기술원, 충남대, 대전대, 동의대, 한밭대
민간기관 (6개)	(주)피앤아이비, (주)솔루션웍스, (주)기술과가치, (주)패턴트뱅크, (주)바이오홀딩스, (사)대덕밸리벤처연합회

자료: 과학기술부(2005).

제3절 지방정부의 역할

1. 대전시와 대덕R&D특구

1) 대전지역 경제현황

대전지역의 산업구조는 <표 5-5>에서와 같이 1990년대에 들어서면서부터 산업구조와 총 취업자 수에 뚜렷한 변화가 나타난다. 즉 1990년대 1차, 2차, 3차 산업구조의 비중 7 : 23.1 : 69.9로부터 1996년 2.8 : 14.4 : 82.6으로 3차 산업의 비중이 대폭 상승하였다. 10여 년 뒤인 2003년에는 1.5 : 12.8 : 85.7로 1, 2차 산업은 더욱 많이 줄어들었고 3차 산업은 계속적으로 상승하는 추세를 나타냈다. 이는 대전의 산업구조가 소비성 서비스산업으로의 편중이 심화되어 제조업의 비중이 취약한 경제구조임을 보여준다.

<표 5-5> 대전시 산업구조의 변화

연 도	1차산업 (농림어업)	2차산업 (광공업)	3차산업 (서비스업)	취업자(천명)
1990	30(7.0)	99(23.1)	299(69.9)	428(100.0)
1996	14(2.8)	72(14.4)	413(82.6)	500(100.0)
2003	9(1.5)	82(12.8)	548(85.7)	639(100.0)

자료: 황혜란 외(2005).

<표 5-6>은 2003년 3월 현재 대전산업단지의 현황을 나타낸다. 대전지역은 1969년의 제1산업단지 조성으로부터 1997년 제4단지까지 조성되었다. 현재 대전지역의 산업단지는 기존에 조성된 4개의 산업단지와 대덕테크노밸리로 구성되어 있다. 입주업체도 최초의 69개 업체로부터 현재는 대덕테크노밸리를 포함하여 336개로 증가되었다. 종업원 수 역시 1,772명에서 현재는 12,933명으로 증가되었다.

〈표 5-6〉 대전산업단지 현황(2003. 3.)

구 분	조성기간	조성면적 (Km^2)	입주업체 (개)	종업원 수 (명)
대전1산업단지	1969~1973	479	69	1,772
대전2산업단지	1975~1979	778	58	3,009
대전3산업단지	1990~1992	1,234	54	3,721
대전4산업단지	1991~1997	1,879	155	4,431
대전과학산업단지 (대덕테크노밸리)	4,239Km²(128만 평) 조성 중 2007년 완공예정			
계	-	8,609	336	12,933

자료: 황혜란 외(2005).

현재 4산업단지에는 대전시에서 설립하여 운영되는 다산관, 장영실관과 같은 벤처집적시설이 있으며, 민간기업 협동단지로서 한밭중소기업 제1협동화단지와 한밭중소기업 제2협동화단지가 있다. <표 5-6>에서 볼 수 있듯이 대전과학산업도시인 대덕테크노밸리는 2007년에 완공예정으로서 조성면적은 128만 평이 될 것으로 예상된다.

대전산업단지의 업종별 분포를 보면, <표 5-7>에서와 같이 조립금속이 167개 업체로서 38%를 차지하고 있고, 석유화학이 85개로서 19.4%를 점하며, 전기·전자가 67개로서 15.3%의 순위를 점했다. 특히 4단지의 경우 조립금속과 석유화학, 전기전자 업종의 기업이 주력을 이루고 있는데 이는 IT중심 벤처기업의 증가에 기인한 것이라 할 수 있다.

<표 5-7> 대전산업단지 입주업체 분포

구분	계	음식료품	섬유의류	나무제품	석유화학	1차금속	조립금속	전기전자	운송장비	기타
1단지	72	4	6	2	14	5	25	5	1	8
2단지	63	2	6	3	17	4	14	7	2	7
3단지	57	4	3	5	14	−	21	4	−	5
4단지	165	7	6	3	28	1	90	22	−	8
계	439	17	21	13	85	10	167	67	7	48

자료: 황혜란 외(2005).

2002년 말 대전지역 업종별 벤처기업현황은 <표 5-8>

과 같다. 즉 업종별로 볼 때 정보통신 관련기업이 369개
로서 전체의 45.5%를, 생명화학 관련기업이 164개로서 전
체의 20.2%를 차지하는 등 한국 내 어느 지역보다 첨단기
술력이 바탕이 된 하이테크 제조벤처중심의 벤처밸리를
형성한다.

<표 5 - 8> 업종별 벤처기업현황(2002년 말)

업 종	정보·통신	환경·기계	생명·화학	R&D기술서비스	기 타	계
업체수	369	125	164	68	85	811
비 중	45.5%	15.4%	20.2%	8.4%	10.5%	100%

자료: 황혜란 외(2005).

2) 대덕R&D특구의 비중

본 연구는 위에서 대전지역의 경제현황을 고찰하고 나
서 대덕R&D특구가 대전시에서 차지하는 비중을 통하여
대덕R&D특구의 현주소를 짚어보려 한다. <표 5 - 9>에서
보듯이 전국 154개 정부출연기관 중 대전에 18개가 있고,
그 모두가 대덕연구단지에 위치하고 있다. 그런데 이 18
개의 출연연구기관은 전국에 산재된 연구기관과 달리 모
두 대형 연구기관이라 전국의 11.9%이지만 단순한 수적인

비교만으로는 곤란하다. 사실상 대전시에는 대덕특구를
제외한 부분에는 정부출연기관이 존재하지 않는다.

전국 30개의 정부투자기관 소속 연구소 중 9개가 대전
에 위치하고 있으며 그중 8개가 대덕연구단지에 있다. 그
외 대기업부설 연구기관 59개가 대전에 위치하고 있는데
대체로 대덕연구단지나 인근지역에 위치하고 있다.

대학은 대덕연구단지 내에만 KAIST, 정보통신대학원대
학교, 충남대학교 등과 같은 3개의 우수 종합대학과 1개
의 2년제 대학이 있다. 그 밖에도 대전시에 4년제 종합대
학 7개, 2년제 대학 6개가 있다. 이들 대학의 상당수는 대
덕연구단지에도 캠퍼스를 보유하고 있어서 대덕연구단지
입주 대학은 더 많아진다. 어떻든 대도시 어느 지역과 마
찬가지로 많은 대학이 있는 것이다.

〈표 5-9〉 대전 · 대덕 · 전국의 연구기관 비교

구 분	정부출연 연구기관	정부투자 연구기관	대기업 부설연구기관	대 학
전 국	154	30	883	398
대 전	18(11.9%)	9(30%)	59(6.7%)	26(6.5%)
대 덕	18(11.9%)	8(26.7%)	30(3.4%)	5(1.3%)

자료: 황혜란 외(2005).

앞서 본 바와 같이 대전의 거의 모든 생산기반은 대덕 R&D특구 내에 위치한다. 대전의 지방산업단지인 1, 2, 3, 4 산업단지 모두와 대덕테크노밸리가 포함되는 것이고, 여기에 신규 산업단지로 추가되는 지역이 모두 대덕R&D특구 내에 위치하는 것이다.

한편 새로운 생산 주체인 벤처기업 역시 대덕연구단지가 중심인 대덕밸리에 위치한다. 대덕연구단지 내의 협동화단지, 창업보육센터 등이 벤처기업을 흡수하는 주요 시설들이고, 대전산업단지 내에도 창업보육센터가 많다. 대덕연구단지와 확대된 대덕밸리지역 자체가 대전시의 벤처기업 집적지인 것이다.

결국 대전시의 주력 생산기반은 거의 모두가 대덕R&D특구 내에 위치하고 있다 해도 과언이 아니다. 다시 말해 대덕R&D특구의 발전계획은 대전시 발전계획과 거의 겹친다. 그러기에 대전시의 지역혁신전략도 대덕R&D특구 발전전략과 상당 부분 중복되는 것이다. 그런데 예산이나 정책수단은 중앙정부가 훨씬 크므로 대전시가 지방정부 차원에서 도입할 정책수단은 그만큼 왜소해 보이고 표시가 나지 않는 것이다.

2. 대전시의 지역혁신 전략

1) 대전지역 혁신체제 분석

대전지역의 혁신활동을 둘러싼 환경의 SWOT분석은 <표 5-10>과 같다.

〈표 5-10〉 대전지역 혁신체제의 SWOT분석

- 국토 중심부에 위치 - 산학연 집적으로 연구개발인프라 구축 - 쾌적한 연구·주거환경 - 기술력에 기초한 벤처기업 밀집 ● 강점	- 연구개발의 실용화 미흡 - 선도기업(대기업) 부재 및 인근 산업단지와의 연계 부족 - 입주기관 간 상호 교류 부족 - 외국 연구기관 및 기업이 전무 약점 ●
● 기회 - 대덕연구단지 육성 필요성에 대한 국가적 공감대 형성과 대덕 R&D특구지정 - 행정수도 이전계획 - 지속적 국가 R&D투자 - 지자체의 적극적 참여와 의지	위협 - 우수인력/벤처기업의 수도권 이탈 - 지방의 R&D 집적지 형성활성화 - 투자대비 낮은 성과에 대한 외부의 비판적 시각

지료: 황혜란 외(2005).

강점으로서는 ① 국토 중심부에 위치, ② 산학연 집적으로 연구개발인프라의 구축, ③ 쾌적한 연구·주거환경,

④ 기술력에 기초한 벤처기업의 밀집이라 할 수 있다. 반면에 약점으로는 ① 연구개발의 실용화 미흡, ② 선도기업(대기업)의 부재 및 인근 산업단지와의 연계 부족, ③ 입주기관 간 상호교류의 부족, ④ 외국 연구기관 및 기업이 전무한 것이다.

기회요인은 대덕연구단지의 육성 필요성에 대한 국가적 공감대 형성과 대덕R&D특구 지정 등이라 할 수 있다. 반면에 위협요인은 ① 우수인력/벤처기업의 수도권으로의 이탈, ② 지방의 R&D집적지가 형성활성화, ③ 투자대비 낮은 성과에 대한 외부의 비판적 시각 등이다.

2) 지역혁신 기본전략과 목표

대덕R&D특구 육성에 관한 특별법이 제정되자 대전시는 대전과학기술종합계획을 통해 R&D역량의 고도화 추진, R&D성과의 상업화 촉진, 핵심 분야별 전문 클러스터의 육성, 국제적 R&DB활동 기반 조성, 통합적 혁신체제 구축 등에 관한 중점전략을 추진하고 있다. <표 5-11>은 대전시의 지역혁신에 관한 구체적인 추진내용이다. R&D역량의 고도화 추진 사업에는 수요지향적 인력양성·확보 시스템의 구축, 특구연구개발사업 추진, 산학연 기술교류 및 확산체계 구축 등 내용들이 포함된다.

〈표 5-11〉 대전시의 지역혁신 추진내용

중점 추진전략	추진내용
R&D역량의 고도화	- 수요지향적 인력양성·확보 시스템의 구축
	- 특구연구개발사업 추진
	- 산하연 기술교류 및 확산체계 구축
R&D 성과의 상업화	- 공공연구성과의 상업화 촉진
	- 벤처창업 활성화
	- 벤처기업 육성 강화
	- 연구개발서비스업 육성
분야별 전문클러스터 육성	- IT, BT, 메카트로닉스, 차세대부품 및 소재, NT, RT(방사선), ST 등 대전전략 산업 분야 및 특화분야를 중심으로 한 전문클러스터 육성
R&DB 활동의 국제화	- 외국인 투자기업 및 R&D 센터 활동 지원
	- 외국인 생활여건 개선
	- 국제교류 인프라 확충
통합적 혁신지원 체제 구축	- 대덕R&D 특구 지원본부 설립
	- 대전전략산업기획단 활성화

자료· 황혜란 외(2005).

R&D성과의 상업화 촉진에는 공공연구성과의 상업화 촉진, 벤처창업 활성화, 벤처기업 육성 강화, 연구개발서비스업 육성 등이 포함된다.

분야별 전문클러스터 육성내용은 IT, BT, 메카트로닉스, 차세대부품 및 소재, NT, RT(Radiation Technology), ST(Space Technology) 등 대전전략 산업 분야 및 특화 분야를 중심으로 한 전문클러스터 육성 등이 포함된다. 국제적 R&DB 활동기반 조성에는 외국인 투자기업 및 R&D 센터 활동 지원, 외국인 생활여건 개선, 국제교류 인프라 확충 등이 포함된다. 통합적 혁신지원체제 구축내용에는 대덕R&D 특구 지원본부 설립, 대전전략산업기획단 활성화 등이 포함된다.

위의 추진내용에 따라 대전시는 <표 5-12>에서와 같이 대덕R&D특구 육성의 주요목표를 제정하였다.

〈표 5-12〉 대전시 대덕R&D특구 육성의 주요목표

구 분	'03년목표	'07년목표	추진전략
종사자	20,000명	35,000명	- 벤처 창업 활성화 및 국내외 기관 유치 매년 5천 명 증가(03년 1,357명 증가)
벤처기업	800개	1,100개	- 연구원창업 활성화 및 전문벤처 투자회사 설립 매년 창업 100개(01년 276개 이후 정체)
외국R&D 센터	0개	9개	- 육성본부에 유치전담 PM 설치 및 적극적 유치 매년 3개 R&D센터 및 외국기업 유치 추진
외국 연구원	228명	600명	- 외국 기관 유치 및 외국인 생활여건 개선 연간 100명 이상 유치(02년 37명, 03년 60명 증가)
국제특허 등록건수	3,938건	10,000건	- 특구전용 연구개발사업 및 연구원 인센티브강화 연간 2,000여 건 등록 (03년 1,251건 증가)

구 분	'03년목표	'07년목표	추진전략
연간 기술료	387억 원	800억 원	- 연구성과의 상업화 확대 및 기술거래 활성화 100억 수준의 기관 5개 육성(ETRI 기술료 260억)
지역 총 생산액	2조원	3.5조 원	- 벤처창업 확대 및 첨단 신기술 기업 유치 매년 5,000억 이상 증가(03년 2,000억 원 증가)

자료: 황혜란 외(2005).

3) 구체적인 세부사업

대전시에서 대덕R&D특구를 육성하기 위한 세부사업내용은 다음과 같이 일곱 가지 분야로 구성되어 있다. 그 구체적인 세부사업내용은 <표 5 - 13>과 같다.

〈표 5 - 13〉 대전시 세부사업내용

①	지역과학기술 혁신로드맵에 기초한 전략 특화기술개발
②	지역과학기술 혁신 주체 강화
③	지역과학기술 혁신 주체 간 네트워킹을 통한 성과확산 및 활용
④	특구연구개발사업의 추진
⑤	시내과학기술진내체제 구축 및 업계 강화
⑥	지방 과학기술 문화의 역할 및 기능 제고
⑦	지역과학기술기획 · 관리 · 평가체제 강화 등이다.

첫 번째 사업인 전략특화기술개발사업은 IT, BT, NT 및 지능로봇과 차세대전지 개발에 특화되어 있다. 그런데 이

들 사업은 모두 신규 추진되는 것이 아니라 그간 대전시에
서 구축하고 운영해오던 여러 시설과 사업들도 포함되어
있다. 고주파 부품산업단지, 바이오벤처타운, 차세대 전지,
나노팹 등이 그것이다.

〈표 5-14〉 대전시 지역혁신 사업 - 전략특화기술개발

	번호	사업명
전략특화기술개발	1-1	고주파부품산업지원센터 건립(IT분야 혁신 클러스터 조성)
	1-2	IT전용 벤처타운 건립(IT분야 혁신 클러스터 조성)
	1-3	U-Test Bed 공간구축 (IT분야 혁신 클러스터 조성)
	1-4	대덕밸리 소프트웨어지원센터
	1-5	바이오벤처타운 건립 운영(BT 클러스터 구축)
	1-6	암특화 육성연구개발 사업(BT 클러스터 구축)
	1-7	바이오 실용화센터 건립(BT 클러스터 구축)
	1-8	생물산업단지 조성
	1-9	생물산업전문대학원 설립
	1-10	지능로봇산업화센터 건립(메카트로닉스 혁신클러스터 조성)
	1-11	지능로봇신뢰성평가연구센터
	1-12	차세대전지/신소재 부품 기술개발 지원센터
	1-13	차세대전지/신소재 부품 클러스터 형성
	1-14	나노 종합 Fab 구축(첨단부품 및 소재 클러스터 조성)
	1-15	나노산업클러스터 조성

자료: 황혜란 외(2005).

 두 번째 유형의 사업은 지역혁신 주체 강화이다. 이 역시 새로운 사업의 기획보다 그간 중앙부처에 의해 지원되어 진행되고 있는 사업들을 포함시켜 놓은 성격이 강하다. 과학기술부의 사업이 전반적으로 많고, RRC, 산학연 협력체제 등은 산업자원부에서 수행하고 있는 사업이며, 지방연구중심대학 육성, BK21사업 등은 교육인적자원부에서 수행하고 있는 사업이다. 이 중 기숙사 건설 등 극히 일부사업에 대전시가 재원을 들여 운영하는 사업이 있을 뿐이다.

〈표 5-15〉 대전시 지역혁신 사업 - 지역혁신 주체 강화

	번호	사업명
지역 혁신 주체 강화	2-1	지역협력연구센터사업(RRC)
	2-2	지방연구중심대학 육성
	2-3	지방대학혁신역량강화사업
	2-4	산학연 협력체제 활성화사업
	2-5	두뇌한국(BK21)사업
	2-6	지방대학연구역량 강화사업
	2-7	지방대학공학교육 프로그램 개선사업
	2-8	지역인적 개발체제 구축사업
	2-9	전문대학특성화지원사업
	2-10	학교기업지원 육성사업
	2-11	지역혁신인력양성사업
	2-12	대덕R&D특구 수요지향적 인력양성 시스템구축

	번호	사업명
지역 혁신 주체 강화	2-13	대덕 벤처기업 벤처기업육성 촉진지구 육성사업
	2-14	대덕밸리 창업투자전문회사 건립
	2-15	창업보육센터
	2-16	외국인 투자 기업 및 R&D센터 활동 지원
	2-17	외국인 생활여건 개선
	2-18	지역혁신 주체의 해외비지니스 지원사업
	2-19	여성과학기술인지원센터 설립
	2-20	외국인유학생 기숙사 건립

자료: 황혜란 외(2005).

세 번째 사업유형은 성과확산 및 활용사업이다. 이 역시
새로운 사업이 추가되는 것보다 중앙정부에 의해 지원되어
온 사업을 망라하여 잘 정리된 것이라 할 수 있다. 새로운
사업도 대전시에 의한 정책이라기보다 중앙정부에서 추진
할 예정인 사업이 주류이다.

⟨표 5-16⟩ 대전시 지역혁신 사업 - 성과확산 및 활용사업

	번호	사업명
성과 확산 및 활용	3-1	지역기술혁신센터 사업(TIC)
	3-2	출연(연) 자회사 설립 허용 및 기술출자 활성화
	3-3	산학연공동기술개발컨소시움 사업
	3-4	교수, 연구원 경영기술 컨설팅 지원사업

	번호	사업명
성과 확산 및 활용	3-5	산학연 네트워크 구축과 역동성 확보 지원사업
	3-6	국방벤처 보육센터 설립
	3-7	융합연구개발 사업지원
	3-8	연구개발전문인력 육성지원사업

자료: 황혜란 외(2005).

네 번째 사업유형은 특구R&D사업이다. 이 사업은 특히 대덕R&D특구에서 집행하는 사업이다. 다섯째 유형인 정보체제 연계사업의 지역 포털구축과 같은 경우는 예산이 크게 소요되지 않고 지역적인 사업이라 대전시에 의해 이루어질 예정이다. 여섯째 유형인 지방과학기술문화사업은 대전시가 그간 추진해온 세계테크노폴리스 네트워크 구축사업 등을 표시한 것이다. 마지막 유형은 기획관리평가체계 강화로 이 역시 대전시의 활동보다 중앙정부가 대덕R&D특구에 설치할 특구관리본부와 관련된 내용이다.

〈표 5-17〉 대전시 지역혁신 사업－기타

	번호	사업명
특구 R&D 사업	4-1	특구 연구개발사업 추진
	4-2	산업화 기능 기술개발활동 지원사업
	4-3	지역혁신특성화사업

	번호	사업명
정보체제 구축 및 연계강화	5 - 1	지방지식센터 설립
	5 - 2	과학박물관건립/과학전자도서관 설치
	5 - 3	대덕밸리 포털정보시스템 확충 및 EC 기발 구축
	5 - 4	지역혁신 DB 구축
지방과학 기술문화	6 - 1	과학대중화 프로젝트 추진
	6 - 2	해외 과학기술도시와의 교류 확대 및 WTA 국제정보네트워크 구축 운용
기획·관리·평가 체제강화	7 - 1	대덕연구개발특구 육성본부 설립 운영
	7 - 2	대전전략산업기획단 활성화

자료: 황혜란 외(2005).

제4절 3단계 진화의 종합평가

1. 개요

제3단계 진화는 결국 대덕밸리에서 대덕R&D특구로 넘어가는 과정이다. 이 과정을 결론부터 언급하자면 첫째, 연구-기술-창업의 고리를 연구-기술-사업화 일반을 추구하는 고리로 전환하는 과정이고, 두 번째는 2단계에서의 제반 요인과 문제점이 누적된 결과의 해소과정이라 할 것이다. 제반 문제점의 해소과정의 첫 번째는 많은 벤처기업에게서 관찰된 현상으로 사업화 능력 부재 혹은 시장 마케팅 능력 부재 등이 그것이다. 이 능력이 부족하여 많은 벤처기업들이 도산하거나 휴면상태에 들어가 벤처열풍 전체를 잠재웠다. 그로 인해 대덕의 벤처기업은 기술력은 좋으나 시장능력이 부족하다는 평가를 받았다.

두 번째는 생산공간을 대폭 확대한 것이다. 대덕에서 배태된 기술의 사업화과정에서 많은 기업들이 생산공간의 부족문제로 대덕을 이탈했던 경험을 반성하고자 한 시도이다. 새롭게 추가된 1,066만 평 거의 대부분이 새롭게 개발할 수 있는 부지라는 점에서 생산공간 문제는 상당 부분 해소되리라 예상된다.

세 번째는 지방정부가 대덕R&D특구 육성에 정식으로 개입하고 있다는 점이다. 대덕특구가 중앙정부의 사업으로 진행되는 것이지만 지방정부의 일정한 역할을 기대하지 않을 수 없다. 그러한 점에서 지방정부의 개입은 타당해 보인다.

2. 진행계획에 대한 평가

2단계 진화가 시작될 때는 실용화 자체만이 문제가 되었다. 그런데 2000년대 초 이후에 나타난 문제로 인해 실용화 자체가 중요한 것이 아니라 실용화능력이 시장에서 검증될 수 있는 능력이 더 중요하다는 것을 경험적으로 알게 되었다.

대덕R&D특구는 기술창출은 문제되지 않고, 기술이전 역시 약간의 추가적인 노력이면 족하다고 판단하고 있다. 그리고 특구의 성공을 위한 정책적인 요인은 충분하고 새로이 지방정부까지 투입된 형태라 할 것이다. 이렇게 본다면 해결되지 못하고 있는 한 요인, 즉 시장능력의 문제만이 남는다 할 것이다.

따라서 표면적으로 볼 때, 현시점에서는 대덕R&D특구에 있는 기술사업화 주체들의 시장능력 배양이 대덕R&D특구의 성공적인 진화를 결정한다 할 수 있다. 그런데 이 요인에 대해 다른 시각과 논점이 존재할 수 있다.

1) 개념정의

대덕R&D특구를 성공적인 진화라고 평가하기 위한 필요한 내용이 무엇인가라는 질문이 제기된다. 답은 기술의 사업화가 성공적으로 이루어지는 지역이라는 의미가 될 것이다. 다시 말해 실리콘밸리와 같이 기술혁신을 사업화하는 가장 시장친화적인 지역이 되어야 한다는 것이고,

달리 보면 기술사업화를 통해 성공적인 기업들이 많이 등장해주는 것이라 할 것이다.

한편 정책의 가장 중요한 대상인 기술사업화 능력은 과연 무엇이냐에 대해서도 정의가 필요하다. 대덕에서의 기술사업화는 세 경로를 통해 이루어졌다. 하나는 민간기업 연구소에서 배태된 기술은 당연히 모기업에서 활용되었다. 두 번째로, 정부연구기관의 기술도 상당 부분 민간기업으로 이전되어 활용되었다. 세 번째로, 연구개발에 참여한 교수나 연구원들이 직접 창업하기도 하였다. 실제로 기술사업화라는 일반적인 현상은 존재했던 것이다. 그럼에도 이 부분이 문제가 되는 것이다.

민간기업 연구소의 활동은 대덕 관련 논의에서 제외된다. 결국 문제가 되는 것은 정부연구기관의 기술사업화 문제이고, 창업의 문제로 귀결되는데, 전자는 '보다 더' 활성화하고 효율적이라는 과제이고, 후자는 실용화 자체가 아니라 시장성공의 문제라 할 것이다. 시장성공이라는 문제는 실용화라는 현상의 문제가 아니라 실용화 주체가 중요해지고, 창업자 자체보나 창업자와 창업을 같이하는 인력들의 종합능력, 즉 기업적인 요인이 더 중요하다는 점으로 귀결되었다.

결국 대덕특구의 성공은 실용화에서 나아간 창업 정도

가 아니라 시장성공을 위한 종합능력, 즉 기업능력을 요
구하고 있다 할 것이다. 정책적인 노력도 바로 이 부분에
집중될 필요가 있을 것이다.

2) 기술사업화 정책의 한계

기술사업화 종합능력은 기업의 영역이지 공공부문에서
정책적으로 할 수 있는 사업이 아니라는 견해도 존재한다.
공공부문에 어떠한 능력이 있기에 기업의 종합적인 시장
능력을 배양할 수 있느냐가 논의의 핵심이기도 하다. 따라
서 이 분야 정책이란 관련 인력 양성이나 특수교육과 같은
인력정책 정도라는 것이다. 그러할 경우 이 정도로 현재
대덕R&D특구가 가진 기술사업화 능력 강화를 달성할 수
있느냐는 질문이 제기된다. 만약 능력강화가 달성되지 않
는다면 결국 3단계 진화의 성격을 의심하게 하는 것이다.

3) 돌연변이의 문제

진화론적인 시각은 크게 두 요소로 구성되어 있다. 하
나는 적자생존이라는 개념이며 다른 하나는 적자생존에
적합한 돌연변이의 출현이다. 이를 단순한 차원으로 정의

하자면 시장친화적인 성공한 기업이 등장하는 것이 지역 성공을 위한 돌연변이의 출현이라 할 것이다.

돌연변이의 출현은 일부 전략론자들에 의해 제기되는 성공한 스타기업 몇 개를 집중 육성해 특구 전체의 이미지를 상쇄하자는 것과도 일치한다. 이 시각 역시 지극히 공급자 위주의 생각이지만, 시장능력이 있는 기업이 살아남고 성장하는 것이 아니라 성장하는 기업이 시장능력을 갖는다는 사고를 전제한다면 그렇게 틀린 생각은 아니다. 대표적인 기업들의 존재로 인해 시장능력 부족이라는 문제가 해결될 수도 있기 때문이다.

만약 이러한 시각이 맞는다면 결국 생산시설을 갖출 수 있게 한 정책변화는 성공의 중요한 열쇠가 될 수 있다고 판단된다. 성공가능성이 큰 기업이 과거와 같이 대덕을 떠나는 것이 아니라 대덕에 완전히 입주하게 되면 성공적인 기업들이 많이 배태되는 것이고 그로 인헤 기술중심지역이라는 이미지가 시장친화적인 곳이라는 이미지로 바뀔 수 있는 것이다.

실리콘밸리에서 휴렛패커드나 시스코시스템스기 그러헤듯 핵심적인 한두 기업이 인근의 소형 창업기업들이 시장이 되거나 기술을 사주는 형태의 발전전략도 고려가능한 것이다.

제 6 장
요약 및 결론

제1절 요약 및 방법론 종합

1. 요약

대덕연구단지는 한국의 취약한 과학기술을 보강하기 위하여 1973년 11월부터 조성되기 시작하여 1978년 첫 입주가 시작되있고, 1992년에는 완공되있으며, 현재까지 33년간의 성장과정을 거쳐왔다.

이 단지는 초기에 교육연구도시로 출발하였으나 연구기관이나 교육기관이 입주한 10년 후 신기술 창업기업이 배태되고, 그 후 10년 후 벤처기업의 집적지인 대덕밸리로 발전한다. 그리고 약 10년 후 3단계 진화가 이루어져 대덕R&D특구로 발전한다.

이러한 과정은 결국 외적인 상황이 변하고 내적인 변이가 발생하는 진화의 과정이라는 것이 본 연구의 기본 논지이다. 그러나 본 연구는 상황과 변이가 독립적으로 발생한다고 생각하지는 않는다. 충분한 조건이 무르익은 후 다음 단계의 정책이 등장하고 그 정책으로 인해 다음 단계로의 문제가 누적되고 발전해간다는 입장이다. 진화의 전제로 내적인 모순이 존재하고 이에 상황요인이 추가될 때 새로운 정책이 출현한다고 보는 것이다. 즉 상황변화와 대응이 상호 작용하며 진화를 결정한다고 본 것이다.

각 단계의 내용적 변화는 <표 6-1>과 같이 요약된다. 초기 약 10년간 연구단지로서의 기능구축이 이루어졌고, 이후 1989-1997년 기간에는 벤처기업이 출현되었고 1998 -2004년에는 벤처집적지 기능, 즉 대덕밸리가 형성되었다. 2005년 이후는 R&D특구로서 완전한 사업화기능이 추가되기 시작하였다. 그러나 대덕R&D특구의 성공은 앞으로도 10년 후에 발생할 것으로 예측된다. 새로이 추가되는 지역에 대한 부지작업은 적어도 2008년부터나 시작될 것이기 때문이다. 즉 부지조성, 새로운 생산시설 입주, 사업적 성과 구현 등에는 아직도 상당한 시간이 요구되기 때문이다.

〈표 6-1〉 단계별 누적요인과 부족요인

	누 적 요 인	부 족 요 인	결 과
형성 ('73~'88년)	- 연구단지: 집적단지 840만 평 - 연구기관: 누적된 개발기술 - 연구주체: 창업마인드 배태	- 단지건설 자체	- 연구기관 입주
1단계 벤처출현 ('89~'97)	- 연구주체: 창업마인드 확산 - 창업지원 ◦ 제도: 연구원창업지원 ◦ 시설: 창업지원센터 구축	- 연구기관 간 협력체제 - 지역사회와 유리 - 실용화 공간 부재	- 벤처기업 등장 - 연구원 1.6만 명 - 벤처기업 60개
2단계 대덕밸리 ('98~'04)	- 창업지원: 전주기 벤처정책 ◦ 창업자본조달 ◦ 금융지원 ◦ 유/무상 기술이전 - 실용화 공간 확대 (+224만 평)	- 마케팅능력 부재 - 사업화역량 결여 - 생산공간 부재 - 지방정부 역할 미흡	- 종사자 2.5만 명 - 벤처기업 400개

	누 적 요 인	부 족 요 인	결 과
3단계 R&D특구 ('05년~)	- 생산공간 확대 (+1,066만 평) - 사업화 역량 강화 정책 시작 - 지방정부 개입	- 계획실시 초기	?

과학기술혁신 집적지로서의 '대덕'에 영향을 크게 미친 중앙정부의 정책은 다음과 같이 요약된다.

첫 번째, 대덕연구단지 형성 자체를 입안하였다.

두 번째, 연구원창업지원제도, 실용화지역 등을 반영하였다.

세 번째, 벤처정책의 결과 대덕연구단지와 인근지역을 대덕밸리로 명명하고 산업화기능이 대대적으로 스며들게 하였다.

네 번째, 클러스터정책의 도입으로 대덕연구단지와 인근지역을 혁신클러스터 구축지역으로 설정하였다.

다섯째, 최근의 가장 중요한 변화로 대덕R&D특구로의 변신을 기하였다.

반면, 지방정부는 대덕R&D특구 형성 이전까지의 역할에서 높은 평가를 받을 수 없다고 판단된다. 중앙정부는 수십 년에 걸쳐 일관되게 대덕의 발전을 위해 기능해왔지만, 지방정부는 경우에 따라 대덕의 장기적인 발전을 저해했고 대덕의 발전을 기하기보다 단기적인 이용만을 했다고 판단되기 때문이다. 이는 국가적인 사업에서 지방정부의 역할을 어떻게 설정해야 하는지에 대해 큰 교훈을 준다 할 것이다.

2. 방법론 종합

본 연구는 기본적으로 진화론적인 입장에서 대덕연구단지의 33년을 살펴본 것이다. 그러기에 기본적으로 진화론의 가장 기본적인 두 개념이 설명되어야 한다. 하나는 적자생존이며, 두 번째는 적자생존을 위한 요소 혹은 돌연변이에 대한 설명이다.

그런데 본 연구는 이 두 개념을 생물학적인 차원이 아니라 연구-기술-산업이 연결되는 기술혁신적인 관점에서 보고자 하였다. 그러기에 변화하는 환경과 그 환경에 대한 적응이 중시되었고, 어떠한 돌연변이적인 요소가 있었는지를 알고자 한 것이다. 첫째 단계에서는 백지상태에 연구기관의 집적이 이루어진 후 벤처기업이라는 변이가 중요한 기능을 한 것이고, 둘째 단계에서는 연구기관에 벤처기업이라는 것이 출현하기 시작한 변이이다. 이 변이가 벤처열풍과 조우하며 새로운 형태를 창출하였다. 또한 시장이라는 변이를 극복하기 위한 변화가 대덕R&D특구의 등장이라 볼 수 있다는 것이다.

기술혁신론적인 관점의 진화론을 풀어서 설명한 결과는 <그림 2-1>과 같이 요약된다. 진화과정은 정책요인, 기술요인, 기업요인 및 시장요인으로 설명될 필요가 있다는 점이다. 이 중 정책요인은 순수 정책적인 요인과 제도적인 요인으로 구분되고, 기술요인은 창출과 이전으로 구분된다. 순수 정책적인 요인이라 하면 정부의 사업이라 할 수 있고 제도적인 요인이라 하면 행태 자체에 영향을 미치는 각종 규정이나 규칙 등이라 할 것이다. 기술이전은 만드는 과정의 기술창출에 비해 사업화를 위한 이전을 말하는 것으로 연구원 자체에 의한 이전, 외부기업으로의 유상·무상 이전을 말한다.

이를 통해 대덕R&D특구의 진화과정을 살펴보면, 1단계에서는 기업요인이나 시장요인이 없고 지방정부의 정책요인두 없다. 2단계에서는 기술이전이나 창업, 나아가 이를 강조하기 위해 기업요인이 어느 정도 부각되지만 시장요인에 대한 고려는 역시 부족하였다. 한편 3단계에서는 시장요인이 보강이 가장 큰 목적이라 판단된다. 따라서 3단계의 성공은 시장요인을 어떻게 부여하느냐에 성패가 달려 있다 해도 과언이 아닐 것이다.

〈표 6-2〉 단계별 진화의 핵심요인 평가

요인\단계		1단계	2단계	3단계
정책	중앙	◎	◎	◎
	지방	△	○	◎
기술	창출	◎	◎	◎
	이전	○	◎	◎
기업		△	○	?
시장		△	△	?

주: ◎: 양호, ○: 보통, △: 낮음, ?: 아직 미정.

제2절 연구의 한계

본 연구는 한국인이 아니라 중국인의 관점에서 살펴본 것이라는 특징이 있다. 그것도 후발 개도국인 중국이 이러한 유형의 정책을 수행할 때 궁극적으로 보완해야 하고 추구해야 할 요인이 무엇인가를 중심으로 살펴본 것이다. 그러기에 대덕연구단지 이후 30여 년의 시간을 조건의 누적과 문제점 발생, 새로운 상황변화라는 도식 위에서 보게 된 것이다.

이러한 관점은 대덕연구단지와 같이 생활하거나 대덕연

구단지를 대덕R&D특구로 성공적으로 전환시키기 위해 노력하는 관련자들의 판단과 많은 차이를 보일 수 있다. 조건이 열악한 중국에서의 정책 그리고 대덕의 변화된 모습을 염두에 두면서 대덕의 진화를 보는 것과 모든 문제점을 현재의 조건에서 보는 한국적인 시각이 동일하지는 않을 것이기 때문이다.

그러나 언어적인 장애나 공식자료로 나타나지 않는 실상에 대한 이해 등에서 기존의 연구들에 비해 여러 약점이 존재한다는 것을 부인하지는 않는다. 앞으로도 대덕에 관한 많은 관점과 시각 나아가 세부적인 문제에 대한 연구가 필요하며, 더 나아가서는 중국의 현실에서 대덕과 같은 기술혁신 집약지역의 성공적인 구축을 위한 과제 역시 추가로 연구되어야 할 과제라 할 것이다.

참고문헌

◎ 한국문헌

과학기술부(2001), 「대전과학산업단지 국제화 기본계획」.

과학기술부/대덕전문연구단지관리본부(2004), 「대덕연구단지 현황」.

과학기술부/대전광역시 (2004), 「대덕R&D특구의 지정 및 육성방안」.

과학기술정책연구원(2001), 「대전지역 특성을 살린 과학기술혁신종합계획」, 과학기술부.

과학기술·특허포럼(2003), 「대전을 세계적인 과학기술·특허의 중심지로」.

국무조정실 외(2004), 「정부출연연구기관 워크숍」.

권선택(2005)(가), 「대덕연구개발특구 및 대전 엑스포과학공원 관련 여론조사 보고서」.

_____(2005)(나), 「대덕R&D특구의 의미와 전망」.

김선근 외(2004), 「대덕연구개발특구의 지정 및 육성방안」, 과학기술부/대전광역시.

임윤철, 이호선 역(2000), 「모방에서 혁신으로」, 시그마 인사

이트. Kim Linsu(1997),*Imitation to Innovation: The Dynamics of Korea's Technological Learning*, Harvard Business School Press, 1997.

기초기술연구회 외(2005), 「정부출연연구기관 연구성과확산 전략」 세미나.

대전광역시(2001), 「대덕밸리의 이상과 실현」.

_____(2002), 「대전 신경제발전 5개년(2003~2007)계획」.

_____(2005), 「국가경쟁력과 대덕연구개발특구발전전 략심포지엄」.

대전전략산업기획단(2003), 「대전 R&D 수요 및 동향조사 보 고서」.

대전대학교 에너지정책연구소(2005), 「지역활성화의 과제와 전략」.

대전발전연구원 등(2005), 「대덕연구개발 특구 육성을 위한 부문별 전략」. 대덕전문연구단지관리본부 (2005).

대덕밸리컨소시엄기술이전교류센터(2002), 「제1회 대덕밸리 컨소시엄 워크샵」.

민완기·신동호(1999), "대전지역 벤처기업의 현황 및 활성 화 방안: 대덕연구단지에서 스핀오프선 벤처기업을 중심으로", 「기술혁신학회지」 제2권 제1호.

박인철(2005), 「대덕특구 육성의 정책과제와 특구본부의 역 할」, 제48차 대덕과학포럼.

설성수 외(1997), 「기술혁신과 산업·과학기술정책」, 기업기술연구원.

_____, 민완기 · 신동호(1999), 「대덕연구단지의 중장기 발전전략」, 과학기술정책관리연구소.

_____, 박정민 · 서상혁(2002), 「대덕밸리의 형성과 진화」, 과학기술정책연구원.

신동호 · 설성수(2000), "첨단과학연구단지의 네트워크: 대덕연구단지와 대만 신죽과학산업공원구의 비교", 지역사회개발연구 25(2), pp.191 211.

오길환(2002), 「CDMA 기술개발 및 산업 성공요인 분석」, 한남대 박사학위논문.

_____, 설성수(2001), "새로운 모형에 의한 CDMA 산업의 성공요인 분석", 「기술혁신학회지」, 제4권 제3호.

_____, 안춘모 · 설성수(2002), "새로운 모형에 의한 CDMA 산업의 성공요인 분석", Telecommunication Review, 12－1, 2월.

유동운(2000), 「경제진화론」, 선학사.

윤창국(2003), 「과학기술혁신 클러스터관점을 통한 연구집적시스템의 성장과정 연구」, 고대 박사학위논문.

임덕순 외(2003), 「대덕연구단지 30년 성과분석 및 발전방안」, 과학기술부/대덕전문연구단지관리본부.

중소기업청 대전 · 충남지방사무소/대덕밸리벤처연합회, 「2004 대덕밸리벤처연합회 회원사 편람」.

한국은행 대전충남본부(2002), 「대덕밸리의 최근 동향과 향후 발전과제」.

_____(2002), 「대전·충남지역 경제동향」.

황혜란 외(2005), 「대전광역시 과학기술진흥계획 수립 및 과학기술혁신 로드맵 수립에 관한 연구」, 과학기술부/대전광역시.

◎ 해외문헌

崔松虎、薛晟洙(2005), "大德研究區的進化", 「技術經濟」, 中國技術經濟研究會, 總214期, 2005－10.

Basall, G.(1988), *The Evolution of Technology,* Cambridge University Press, New York.

Coombs, Rod, Paolo Saviotti, Vivien Walsh (1987), *Economics and Technological Change,* Rowman & Littlefield Pub Inc.

Dosi, G.(1982), "Technological Paradigms and Technological Trajectories: A Suggested Interpretation of Determinants and Direction of Technical Change", *Research Policy,* 11(3), pp.147－162.

Dosi, G. et al. (eds.) (1988), *Technical Change and Economic Theory,* Pinter.

Dosi, G. & R. Nelson(1994), "An Introduction to Evolutionary

Theories in Economics", *Journal of Evolutionary Economics,* 4(1): 153 – 172).

Freeman, C., C. Perez (1988), "Structural Crisis of Adjustment: Business Cycles and Investment Behaviour", G. Dosi et. al (eds.), *Technical Change and Economic Theory,* Pinter.

Nelson, R. and S. Winter(1982), *An Evolutionary Theory of Economic Change,* Harvard University Press, Cambridge (Mass.).

Porter, Michael(1990), *The Competitive Advantage of Nations,* New York: Basic Books.

Rosenfeld, Stuart A.(1995), *Industrial Strength Strategies: Regional Business Clusters and Public Policy,* Aspen Institute.

Saxenian, AnnaLee(1994), *Regional Advantage: Culture and Competition in Silicon Valley and Route 128,* Massachusetts: Harvard University Press.

Saviotti, Paulo, Stanley Metcalfe (Eds.) (1991), *Evolutionary Theories of Economic and Technological Change: Present Status and Future Prospects,* Taylor & Francis.

Ziman, J., (ed.)(2000), *Technological Innovation as an Evolutionary Process,* Cambridge: Cambridge University Press.

◎ 홈페이지

과학기술학회마을: society.kisti
국가과학기술전자도서관: ndsl.or.kr
학술정보서비스: www.riss4u.net
대덕연구단지관리본부: www.dasto.or.kr
대전시청: www.metro.daejeon.kr
과학기술부: www.most.go.kr
과학기술정책평가원: www.stepi.re.kr
한국중소기업청: www.smba.go.kr
산업자원부: www.mocie.go.kr
특허청: www.kipo.go.kr
한국전자통신연구원 창업보육센터: www.etritbi.co.kr
한국전자통신연구원: www.etri.re.kr
한국정보통신산업협회: www.kait.or.kr
한국정보통신대학교: www.icu.ac.kr
한국원자력연구소: www.kaeri.re.kr
한국에너지기술연구원: www.kier.re.kr
항공우주연구원: www.kari.re.kr
한국생명공학연구원: www.kribb.re.kr
한국산업단지공단: www.kicox.or.kr
신죽과학기술원구 관리국: www.sipa.gov.tw
중관촌과학기술원구 관리기구: www.zgc.gov.cn

대전광역시 첨단산업진흥재단: www.dif.or.kr
KAIST 신기술창업지원단: htvc.kaist.ac.kr
대덕넷: hellodd.com

· 저자 ·

최송호 · 약 력 ·
(崔松虎) 중국연변대학교
중국동북사범대학
한국한남대학교대학원(박사)
吉林省延邊州政府公務員
한국한남대학교대학원(석 · 박사) 연구원 겸 강사
현재, 중국연산대학교문법학원 교수

진화론적 관점에 의한

대덕R&D특구의 분석

· 초판 인쇄	2008년 4월 30일
· 초판 발행	2008년 4월 30일
· 지 은 이	최송호
· 펴 낸 이	채종준
· 펴 낸 곳	한국학술정보㈜
	경기도 파주시 교하읍 문발리 513-5
	파주출판문화정보산업단지
	전화 031) 908-3181(대표) 팩스 031) 908-3189
	홈페이지 http://www.kstudy.com
	e-mail(출판사업부) publish@kstudy.com
· 등 록	제일산-115호(2000. 6. 19)
· 가 격	20,000원

ISBN 978-89-534-8684-3 93320 (Paper Book)
978-89-534-8685-0 98320 (e-Book)